走！我们一起去看世界

ZOU WOMEN YIQI QU KANSHIJIE

程力华 主编

方木 刘鹤 等著

回到从前

HUIDAO CONGQIAN

北京师范大学出版集团
BEIJING NORMAL UNIVERSITY PUBLISHING GROUP
安徽大学出版社

目录

- 穿越！ » P2
- 不平等的条约 » P10
- 穿越马六甲 » P20
- 开眼看世界 » P8
- 海盗的世界 » P18
- 七七事变 » P6
- 医生是如何炼成的？ » P30
- 劳动最光荣 » P4
- 大发明 » P16
- 仗剑醉歌江湖吟 » P28
- 喜欢旅行的人 » P14
- 满纸荒唐言 » P12
- 画中的世界 » P26
- 成年啦！ » P40
- 吃的学问 » P24
- 战乱纷争 » P38
- 和马可·波罗一起冒险 » P22
- 残暴一家人 » P36
- 读简时代 » P52
- 在云冈石窟雕刻佛像 » P34
- 周游列国日记 » P50
- 天才建筑师的悲哀 » P32
- 诸子百家 » P48
- 我从哪里来？ » P60
- 害怕与被害怕 » P46
- 飞天梦想 » P44
- 我是谁？ » P58
- 意志坚定的人 » P42
- 去学校 » P56
- 礼仪之邦 » P54

写给勇敢的读者

亲爱的读者，打开本书，意味着勇敢的你将跟随我们的脚步，踏上一段冒险的穿越之旅。我们在想象中搭乘"时光机"，从今天出发，回到50多年前的新中国成立初期、100多年前的清朝末期、1000多年前的唐朝……直到人类诞生的时期。

在旅行中，我们近距离地观察历史，从中探寻前人的生活轨迹，感受博大精深的中国文化，了解人类文明的发展历程，思考我们当下的生活与历史的联系。如果这段旅行能激发你对中国的历史产生兴趣，那我们的旅行就很有意义。如果本书能为你带来一点点思考，那我们将倍感欣慰。

好了，勇敢的你，准备好了吗？要不，在出发之前，我们先来了解一下这本书里都有什么吧！

主题： 我们挑选了近30个中国历史上的瞬间或片断，作为这次旅行的主要景点。在这里，我们将遇到一些有故事的人、有意思的事，或有趣的生活场景。

Icon： 主题所处的历史时期 主题所处的年代

图片： 每个主题配有6~10幅实景图片。这些图片可以帮助你更直观地了解历史面貌，更好地理解所讲的知识。

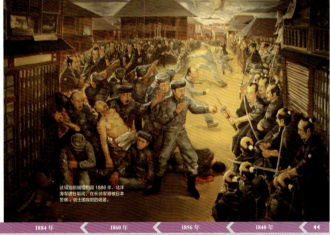

开眼看世界

我们的旅行还在继续，这一站，我们来到140多年前。1872年8月11日，上海码头，一群身穿统一样式长袍马褂的孩子缓缓登上大轮船。这群孩子的年龄在10—16岁，他们此行的目的地是美国。如果顺利的话，他们将在15年后回国。他们和之后几批到达美国的孩子有一个共同的身份——留美幼童。

留美幼童是由清政府派往美国留学的，清政府希望他们能将西方国家的先进军事和技术带回国，以对抗西方列强，维持自己的统治。不过，事情的发展并没有按照清政府的意愿进行。

留美幼童到达美国后，被分散到普通的美国家庭生活。他们开始接受西方的教育，变成各个学校的优秀生。他们有些人后来成为耶鲁大学、哈佛大学、麻省理工学院、哥伦比亚大学等著名大学的学生。

但是清政府没有想到的是，在学习西方科学知识的同时，留美幼童也逐渐接受了美国文化，他们渐渐厌倦了繁琐的封建礼仪，喜欢上了美国人的生活。他们脱掉了长袍马褂，信奉基督教，参加体育活动，有的甚至剪掉了辫子，和美国女孩约会。对此，清政府很不满意，认为留美幼童大逆不道，背弃了祖宗。1881年，原定15年的幼童留美计划中途夭折，留学生们被迫送回国。

这些留学生回国后，被分配到电局、船政局、水师等各个行业。他们中有的人后来在战争中死去，有的成为中国铁路、电报、矿业的先驱，有的成为中华民国政府官员。正是这些当年的留美幼童和后继者改变了中国，最后抛弃了满清帝国。他们中有：詹天佑、吴仰曾、蔡绍基、唐国安、唐绍仪、梁敦彦、梁诚……

1911年	1900年	1898年	1894年	1884年	1860年	1856年	1840年
辛亥革命爆发，清朝灭亡。	八国联军侵占北京	戊戌变法最终失败，维新派遭镇压。	甲午战争爆发	中法战争爆发	英法联军入侵北京，火烧圆明园。	第二次鸦片战争爆发	第一次鸦片战争爆发

《海国图志》

几千年来，中华文明一直走在世界前列。但自第一次鸦片战争后，中国人突然发现，中国不再是"天朝上国"，自己对外面的世界了解得真是太少了。1842年，林则徐找到好朋友魏源，请他编一套介绍世界各国历史、地理、风情等的书——《海国图志》。在书中，人们看到了外面的精彩世界，同时发现，原来从地理位置上看，中国并不是世界的中心。

中法战争　圆明园遗址　第二次鸦片战争中的八里桥之战　第一次鸦片战争中，清军水师与英国海军在穿鼻湾激战

晚清最早的留学生

1847年1月4日，马礼逊学堂的3名学生容闳、黄胜、黄宽，在学堂校长、传教士布朗的带领下，前往美国留学，成为晚清时期中国最早的留学生。除了黄胜因身体原因提前回国，其余两位在麻省孟松学校毕业后，又分别在耶鲁大学和英格兰爱丁堡大学获得学士学位。

庚子赔款留学生

1901年，清政府被迫签订《辛丑条约》，条约规定清政府向各国共赔偿白银4.5亿两，分39年还清，本息合计白银9.8亿两。1908年，美国国会通过法案，退还中国"庚子赔款"中超出美方实际损失的部分，以帮助中国办学，并资助中国学生赴美留学。美国此举意在通过美式教育改造和控制中国年青一代，为其在中国的利益服务。从1909年到1911年，清政府向美国派出三批"庚款留学生"，共183人。这些留学生回国后，创建了中国近代科学发展中的许多新学科，为中国现代化打下了基础。留学生中著名的有梅贻琦、胡适、赵元任、竺可桢等。

时间轴： 在这里，我们将看到中国历史上发生的一些或重要、或有趣的历史事件。全书时间轴连接起来，是一份特殊的中国历史大事年表。

小档案： 为主题提供重要的补充信息，或对重点的内容展开讨论。

穿越！

我是谁？我从哪里来？我又要到哪里去？历史也许能给我们答案。

历史说的是过去发生的事情。过去可能是几千万年之前，也可能就是昨天。中国的历史悠久，在100多万年以前，中国的先民就已经在东亚大陆栖息繁衍。在距今1万多年以前，人们开始在肥沃的土壤里耕田种地，用泥土和树枝搭建房屋，村落随之出现。大约在公元前21世纪，中国第一个王朝——夏朝建立，公元前221年，中国出现大一统局面。后来中国经历了许多王朝，有时国家处于统一状态，有时各种势力分裂、对立。在这期间，各民族之间不断融合，到隋唐时期，中央与边疆少数民族联系更为密切，经济繁荣，科技文化高度发展。但随着明清时期闭关锁国政策的实施，中国开始落后于世界先进国家。1911年，2000多年的封建君主专制体制被推翻。在抵挡住日本人的侵略后，中国人选择了走人民民主的社会主义道路。1949年，中华人民共和国成立，1978年后中国开始实行改革开放政策，而今中国正在为实现中华民族伟大复兴的中国梦而奋斗。

历史研究的是过去发生的事情。历史学家试图通过考证历史资料来恢复历史原貌，反映人类文明发展的轨迹。虽然目前还没有能穿越到过去的"时光机器"，但我们可以想象一次穿越之旅，搭乘历史的列车，沿着时光隧道，去看看先辈们的生活。

来吧！请做好准备，我们一起开始穿越之旅吧！

考古

考古是通过发掘古代建筑物或者居民点的遗址来了解过去发生的事情。考古学家通过研究发掘出的物品来描绘古代的日常生活；通过刻有古代文字的青铜器，来研究更早以前的历史。在遗址挖掘现场，考古学家对每一层土都要仔细检查。

这件商代的青铜器，据考古学家研究，可能是用来盛酒的器物，酒能从象鼻子里倒出来。

古瓷器、古钱币、古建筑都是历史文物。

文物

文物是人类在历史发展过程中遗留下来的遗物、遗迹。通过研究文物可以知道当时的人使用的是什么材料，以及当时工匠的工艺水平。研究文物，还能了解到当时的人们生活方式和文明的发展程度。

秦始皇陵兵马俑坑的考古现场

新技术

先进的技术可以帮助考古学家从古代器物中了解更多的历史信息。比如DNA分析技术、碳-14年代测定技术、X射线照片和热扫描技术等，能帮助考古学家找到以前在研究中被忽略的细节。

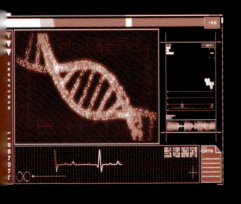

回到从前
HUIDAO CONGQIAN

劳动最光荣

中华人民共和国　　1949年10月1日成立

让我们回到穿越之旅的第一站——50年前。如果你要问那时人们的偶像，王进喜、时传祥、王崇伦、田桂英、张秉贵、孟泰、赵梦桃……一串串名字会从人们的嘴里蹦出来。当然，这些人不是电影明星，也不是企业家，他们中有的是钻井工人，有的是售货员，有的是掏粪工，有的是农民，他们是工作在各种普通岗位上的劳动者，他们有一个共同的称号——劳动模范。

1949年10月1日，中国共产党领导人毛泽东，在天安门城楼上向全世界庄严宣告：中华人民共和国中央人民政府成立了！四万万长期遭受欺辱和苦难的中国人民从此站立起来了！在21响礼炮声中，天安门广场上举行了隆重的开国大典。毛泽东担任新中国第一任国家主席，领导全国各族人民开始了伟大的社会主义建设。

中华人民共和国成立前，饱经内忧外患、战争创伤，国民经济遭到极大的破坏，贫穷、落后成了那时候中国的代名词。中华人民共和国成立后，在中国共产党的领导下，全国人民在各自的岗位上，在极端艰苦的条件下开始了建设家园的征程，他们拉起了纤绳，提起了铁锤，拿起了钢锹，抢起了镰刀。汽车生产出来了，飞机制造出来了，油田建成了，原子弹爆炸了。在很短的时间内，中国发生了翻天覆地的变化。在这些变化的背后，是无数普通劳动者默默的奉献。那时的人们认为劳动是最光荣的事，在各条战线上涌现出的先进人物被称为"劳动模范"或"先进工作者"。

劳动模范是时代的英雄，他们在不同发展阶段，始终走在社会主义现代化建设最前列，激励一代又一代劳动者为祖国的繁荣富强而拼搏。

1959年，掏粪工人时传祥被评为全国著名劳动模范。

2008年	2003年	1999年	1997年	1978年
第29届奥林匹克运动会在北京举行	中国载人飞船成功返回地面	澳门回归	香港回归	改革开放

北京奥运会开幕式焰火

中英香港政权交接仪式

孟泰

赵梦桃

申纪兰

王进喜

钢铁劳模

鞍山钢铁厂的孟泰是新中国第一代全国劳模，他在鞍钢面临着停产的状况下，在艰苦的条件下攻克了一个又一个技术难题，并自制成功大型轧辊，填补了我国冶金史上的空白，最终带领鞍钢工人振兴了鞍钢厂。

纺织劳模

西北国棉一厂的细纱挡车工赵梦桃，在工作中按照"高标准、严要求、行动快、工作实"的标准严格要求自己，将工厂的生产效率提高了3倍，成为纺织工人的学习楷模，被誉为全国纺织战线的一面红旗。

农业劳模

申纪兰的家乡在太行山脉的西沟村里，这是一个自然条件极其恶劣的乡村。申纪兰从1951年开始，带领家乡的"娘子军"奋力劳动，经过30年的努力，终于将西沟村变成山西省农林牧副业全面发展的典型。

石油劳模

王进喜是新中国石油战线的铁人，在大庆油田工作的10年中，为我国石油事业立下了汗马功劳。王进喜身上体现出来的"铁人精神"，激励了一代代的石油工人。

1977年	1954年	1951年	1950年	1949年
高考制度恢复	中华人民共和国宪法诞生	西藏和平解放	中国人民志愿军赴朝作战	中华人民共和国成立

和平解放西藏"十七条"签署现场

中国人民志愿军开赴朝鲜

中华人民共和国成立

七七事变

在我们的穿越旅行中,有些历史片断是我们不愿意去触碰的回忆。它曾经给我们带来深深的伤害,但也让我们在经受住苦难后,坚定信念,更具勇气地前行。

位于北京市西南约15千米的永定河上,有一座古老的石拱桥叫作卢沟桥,在《马可·波罗游记》中它被形容为一座美丽的石桥,卢沟桥的桥东宛平城是出入北京的要冲。

1937年7月7日,日本华北驻屯军第一联队第三大队第八中队,从丰台兵营开往宛平城附近,声称要进行夜间演习。当天夜里,天空晴朗,没有月光。星空下,宛平城的城墙和附近不时移动的中国士兵的影子隐约可见,这是一个寂静的夜晚。突然传来一阵枪声,打破了这份寂静。随后几名日军来到宛平城下,声称一名士兵失踪,要求进城搜查。在遭到中国守军拒绝后,日军包围了宛平城。后来经查明,"失踪"的士兵已经归队,但日军仍然开枪示威,并向城内发射炮弹。中国守军被迫还击。

随后,日方一面假意要求与中方谈判,另一方面加紧部署战斗。中国第29军司令部命令前线官兵:"确保卢沟桥和宛平城","卢沟桥即尔等之坟墓,应与桥共存亡,不得后退"。守城的中国军队抵挡住日军的一次次进攻。这就是震惊中外的"七七事变",也被称作"卢沟桥事变"。

7月8日,"七七事变"后第二天,中共中央发出通电:"全中国的同胞们!平津危急!华北危急!中华民族危急!只有全民族实行抗战,才是我们的出路!"八年抗战,由此开始。

八路军将领组雕

八路军和新四军

抗日战争爆发后,共产党和国民党实行了第二次合作。中国共产党领导的工农红军主力部队改编成国民革命军第八路军,简称八路军;江西、福建等南方八省的红军和游击队改编为国民革命军新编陆军第四军,简称新四军。抗日战争中,八路军和新四军深入敌后战场展开游击战争,创建抗日根据地,共歼灭日伪军157万余人,为抗战的胜利作出了巨大的贡献。中国共产党在抗日战争中发挥了中流砥柱的作用。

八路军战斗在古长城

1945 年	1937 年	1931 年
日本投降	"七七"事变,抗日战争全面爆发。南京沦陷,日军在南京进行大屠杀。	九一八事变

四大会战

中国军队在抗日战争主战场，共进行了4次大的会战，即淞沪会战、徐州会战、武汉会战和长沙会战。淞沪会战是抗日战争爆发后第一次大的战役，中国军队在上海抵抗日军3个月，有10万将士献出了生命，共歼敌6万多人。徐州会战取得了台儿庄战役大捷，中国军队共消灭日军1万人，但自身也损失惨重。武汉会战实际上是武汉保卫战，历时4个多月，日军参战兵力达30万，中国军队参战人数达到100万。武汉会战后，抗日战争转入相持阶段。长沙会战是日军为策应太平洋战场而发动的，经过3次战役，日军挫败，共伤亡7万多人。

南京大屠杀

日军占领华北后，又向南入侵。不久，当时的国民政府首都南京陷落，国民政府被迫迁往重庆。1937年12月13日，日军攻占南京后，对中国投降官兵和手无寸铁的市民进行了长达6周的大屠杀。他们将5万多人捆绑起来，用机枪射杀；将人砍头、活埋，或将人装入麻袋活活烧死，还强奸成千上万的中国妇女，手段极其残忍。有30多万中国人在这场劫难中丧生。日军在南京大屠杀中惨绝人寰的暴行，震惊了世界。

南京大屠杀纪念馆里的雕塑《逃难》

抗日战争胜利

1945年春，侵华日军退守到大中城市和沿海地区。5月，苏联红军攻克柏林，德国投降。8月，美国向日本投放了两枚原子弹。8月15日，日本天皇宣布无条件投降。9月2日，日本在投降书上签字，中国人民历时8年的抗日战争也宣告胜利结束。在作为第二次世界大战一部分的中国战场，中国人民付出了巨大的代价，伤亡人数高达3500万，经济损失约5000亿美元。2014年，全国人大将9月3日确定为中国人民抗日战争胜利纪念日。

1945年9月2日，日本向盟军投降仪式在东京湾密苏里号军舰上举行。

面对镜头露出微笑的13岁抗日小战士

淞沪会战中，中国军队在庙行奋勇杀敌。

为前方抗日战士做军鞋

1921年	1919年	1912年
中国共产党成立	五四运动爆发	中华民国建立

开眼看世界

 清朝晚期　 1911—1840

我们的旅行还在继续，这一站，我们来到140多年前。1872年8月11日，上海码头，一群身穿统一样式长袍马褂的孩子缓缓登上大轮船。这群孩子的年龄在10~16岁，他们此行的目的地是美国。如果顺利的话，他们将在15年后回国。他们和之后几批到达美国的孩子有一个共同的身份——留美幼童。

留美幼童是由清政府派往美国留学的，清政府希望他们能将西方国家的先进军事和技术带回国，以对抗西方列强，维持自己的统治。不过，事情的发展并没有按照清政府的意愿进行。

留美幼童到达美国后，被分散到普通的美国家庭生活。他们开始接受西方的教育，变成各个学校的优秀生，有些人后来成为耶鲁大学、哈佛大学、麻省理工学院、哥伦比亚大学等著名大学的学生。

但让清政府没有想到的是，在学习西方科学知识的同时，留美幼童也逐渐接受了美国文化，他们渐渐厌烦了繁琐的封建礼仪，喜欢上了美国人的生活。他们脱掉了长袍马褂，信奉基督教，参加体育活动，有的甚至剪掉了辫子，和美国女孩约会。对此，清政府很不满意，认为留美幼童大逆不道，背弃了祖宗。1881年，原定15年的幼童留美计划中途夭折，留学生们被迫遣送回国。

这些留学生回国后，被分配到电局、船政局、水师等各个行业。他们中有的人后来在战争中死去，有的成为中国铁路、电报、矿业的先驱，有的成为中华民国政府官员。正是这些当年的留美幼童和后继者改变了中国，最后抛弃了满清帝国。他们中有：詹天佑、吴仰曾、蔡绍基、唐国安、唐绍仪、梁敦彦、梁诚……

1911年	1900年	1898年	1894年
辛亥革命爆发，清朝灭亡。	八国联军侵占北京	戊戌变法最终失败，维新派遭镇压。	甲午战争爆发

《海国图志》

几千年以来，中华文明一直走在世界前列。但自第一次鸦片战争后，中国人突然发现，中国不再是"天朝上国"，自己对外面的世界了解得真是太少了。1842年，林则徐找到好朋友魏源，请他编一套介绍世界各国历史、地理、风情等的书——《海国图志》。在书中，人们看到了外面的精彩世界，同时发现，原来从地理位置上看，中国并不是世界的中心。

反映辛亥革命历程的群雕《走向共和》

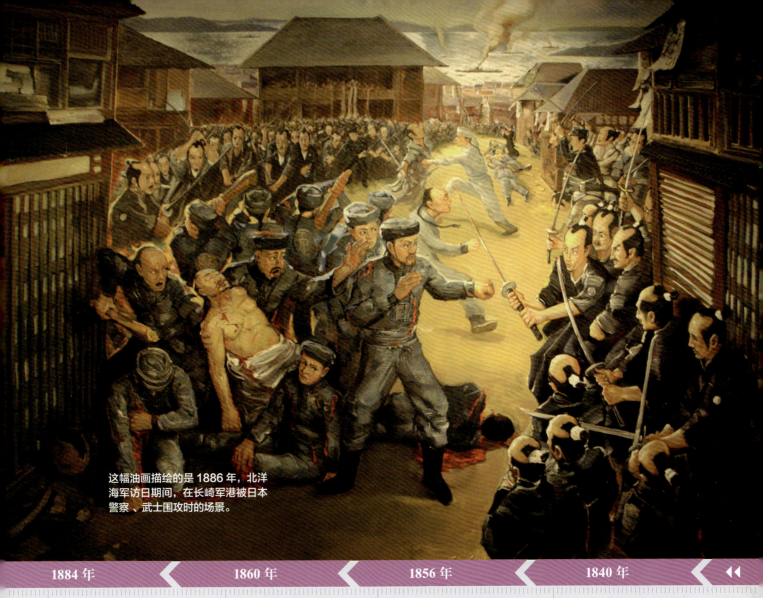

这幅油画描绘的是1886年,北洋海军访日期间,在长崎军港被日本警察、武士围攻时的场景。

1884年	1860年	1856年	1840年
中法战争爆发	英法联军入侵北京,火烧圆明园。	第二次鸦片战争爆发	第一次鸦片战争爆发

中法战争　　　　圆明园遗址　　　　第二次鸦片战争中的八里桥之战　　　　第一次鸦片战争中,清军水师与英国海军在穿鼻湾激战

晚清最早的留学生

1847年1月4日,马礼逊学堂的3名学生容闳、黄胜、黄宽,在学堂校长、传教士布朗的带领下,前往美国留学,成为晚清时期中国最早的留学生。除了黄胜因身体原因提前回国,其余两位在麻省孟松学校毕业后,又分别在耶鲁大学和英格兰爱丁堡大学获得学士学位。

庚子赔款留学生

1901年,清政府被迫签订《辛丑条约》,条约规定清政府向各国共赔偿白银4.5亿两,分39年还清,本息合计白银9.8亿两。1908年,美国国会通过法案,退还中国"庚子赔款"中超出美方实际损失的部分,以帮助中国办学,并资助中国学生赴美留学。美国此举意在通过美式教育改造和控制中国年青一代,为其在中国的利益服务。从1909年到1911年,清政府向美国派出三批"庚款留学生",共183人。这些留学生回国后,创建了中国近代科学发展中的许多新学科,为中国现代化打下了基础,留学生中著名的有梅贻琦、胡适、赵元任、竺可桢等。

不平等的条约

清朝晚期　1901—1842

　　直面历史时，我们不得不感叹，一个国家的强大是多么重要。

　　通常来说，有效的合约都是在双方自主自愿的条件下签订的。但有时，若双方的力量相差悬殊，谈判时的地位不对等，签订的合约就会偏向力量强大的那一方，这样的合约往往是不平等的。

　　19世纪中叶，身处东方的清帝国正在慢慢衰弱，而此时，英国已经完成了工业革命，变得强大起来。身强力壮的英国满世界烧杀抢掠，这一次他们把目光对准了东方。1840年6月，4000名英国士兵在义律的带领下，组成"东方远征军"来到中国。英国人乘坐装有大炮的舰船，一直开到广东海面，向清政府示威宣战。在遭到反击后，英国人沿着海岸线一路北上，一直打到天津。皇帝吓坏了，赶紧派人与英国人谈判，谈判的结果是指挥士兵反抗的林则徐受到处分，离开了战争前线，而英国人乘机占领镇江、上海。清政府一看形势不妙，决定求和。这一求和，就等于投降了。

　　投降的结果是中英双方签署了《南京条约》，条约内容包括中国向英国赔款2100万银元；将香港岛割让给英国；开放广州、福州、厦门、宁波、上海五处为通商口岸。显然，这是一个不平等的条约。更让人难以置信的是，这还仅仅是个开始。后来，清政府同俄、英、美、法、德、日、意、奥等许多国家签订了一系列不平等条约，把中国和中国人民带入了苦难的深渊。

中英双方代表签订《南京条约》

清政府与西方列强签订的主要不平等条约

1901年　《辛丑条约》

签订《辛丑条约》的全权议和大臣

1898年　《胶澳租界条约》

1895年　《马关条约》

1864年　《勘分西北界约记》

1860年　《北京条约》

1858年　《天津条约》《瑷珲条约》

中英双方代表签订《天津条约》

这幅漫画展现了19世纪末,中国面临被帝国主义列强瓜分的危机。

索要赔款

帝国主义列强通过一系列不平等条约,向清政府索要巨额的战争赔款。这些条约包括中英《南京条约》,中英、中法《天津条约》,中英、中法《北京条约》,中日《马关条约》,《辛丑条约》。通过这一系列条约,列强获得了巨额赔款,导致中国白银大量外流。《马关条约》和《辛丑条约》的签订几乎摧垮了中国的国民经济,使中国人民陷入沉重的债务负担之中。

开埠通商

通过签订不平等条约,帝国主义列强在中国获取了开辟通商口岸的特权。根据中英《南京条约》,中英、中法《天津条约》,中英、中法《北京条约》,中日《马关条约》,西方列强先后将中国的广州、厦门、宁波、福州、上海、台湾、汉口、九江、南京、镇江、天津、沙市、重庆、苏州、杭州等地,开辟为通商口岸,他们在通商口岸不仅有租赁、居住、通商、传教、减免商税的特权,甚至可以在通商口岸自由航行军舰和商船。中国的海关自主权和税收权遭到严重破坏。

割占领土

1840年鸦片战争后,帝国主义列强强迫清政府签订了一系列不平等的条约,割占了中国大片的领土。这些条约致使中国的香港岛、九龙司地方一区、台湾、辽东半岛、澎湖列岛等地,长期被英、法、德、日等列强占据;而中国东北部、北部以及西北部的大片领土永远被俄国割去。中国的领土完整遭到严重破坏。不仅如此,他们还强租中国的胶州湾、旅顺、大连、威海卫等地,在中国划分出他们可以耀武扬威的"势力范围"。

虎门炮台

1885年	1881年	1876年
《中法新约》	《伊犁条约》	《烟台条约》

1851年	1844年	1843年	1842年
《伊利塔尔巴哈台通商章程》	《望厦条约》《黄浦条约》	《五口通商章程》《虎门条约》	《南京条约》

满纸荒唐言

 清朝中期  1839-1645

在我们的穿越旅行中，会遇见一些有故事的人，他们的经历常常让我们感叹：历史并不吝啬，它优待那些坚持梦想的人。也许他们活着的时候不受人关注，却能在历史中闪耀光芒。

曹雪芹生活在300年以前，如果他能活到现在，那么，他一定难以相信，有这么多人愿意用一生的时间来研究他和他的小说。曹雪芹之所以到现在还被人记住，是因为他写了一部小说——《红楼梦》。

对于曹雪芹的童年，我们了解得不多。不过我们知道，他13岁前都生活在南方的大城市——南京。他的家境很富裕，他的家族与皇帝关系密切。后来，因为得罪了皇帝，曹家被罚抄家，这与《红楼梦》中贾府的遭遇很像。被抄家后，曹雪芹生活得越来越差，他生命的最后十几年是在北京西山的一个小山村里度过的。不过就在他生活最艰难的时候，他写出了不朽的名著《红楼梦》。

《红楼梦》讲述的是封建社会几大家族的兴衰过程。许多人相信，曹雪芹描写的生活大多是他熟悉的，人们也试图从书中了解那个时代上流社会的生活情况，不过曹雪芹认为自己写的是"满纸荒唐言"。虽然小说还没有写完，曹雪芹就去世了，但这不妨碍人们对它的喜爱，有人为它续写了各种不同的结局。

300多年过去了，人们一直在不断地研究曹雪芹和他的小说。《红楼梦》被人们称为中国最伟大的小说。

《红楼梦》情景图

1839年	1782年	1755年	1683年
林则徐在虎门海滩销毁收缴的鸦片	第一部《四库全书》修成	统一新疆	统一台湾

清代文人的业余生活

沈复是清代文学家。在日常生活中，他格外热衷于栽花植树、堆叠假山，能够运用各种设计技巧，把一处原本简陋无奇的农家小院装扮得优雅别致。清代另一位著名的文学家蒲松龄对养生颇有讲究，他曾亲手用不同比例的菊花、桑叶和蜂蜜制成了一种"蜜饯菊桑茶"，这种茶有明目、清毒、通血脉、健心脾的功效。

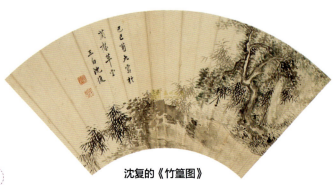

沈复的《竹篁图》

《钦定平定台湾凯旋图》，这幅图是清宫画家据康熙时期平定台湾的史实所绘制。

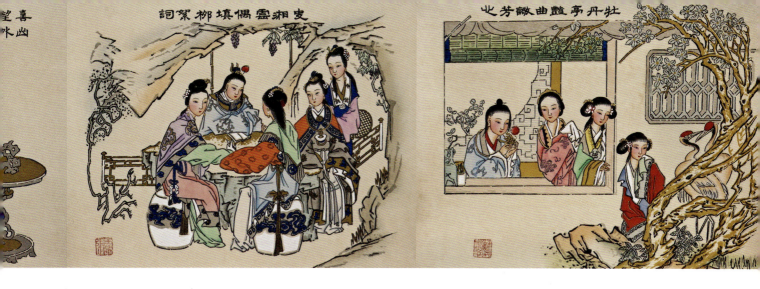

《四库全书》

《四库全书》是中国历史上卷数最多的一部丛书，它收录了中国历代的各种典籍，还有古代外国来华人士的一些著述。共收录书目3500多种，7.9万卷，3.6万册，修成后曾手抄7部分藏全国。200多年来，由于战火频仍，《四库全书》饱经沧桑，多部抄本遗失。现存《四库全书》3部半，分别收藏于国家图书馆、台北故宫博物院、甘肃省图书馆和浙江省图书馆。

宣南文化博物馆馆藏《四库全书》总目

1681年	1662年
平定三藩之乱	郑成功收复台湾

神威无敌大将军炮

《董卫国纪功图》描绘的是康熙年间平定三藩之乱时的情景。

清代传统民居

清代时期，全国逐渐形成有地方特色的民居建筑，基本可以分为7类，即庭院式、干栏式、窑洞式、藏族民居、维吾尔族民居、毡房和帐房及其他民居。庭院式以四合院为代表，干栏式主要应用在气候炎热、潮湿多雨的南方。

回到从前
HUIDAO CONGQIAN

喜欢旅行的人

明末清初　1644—1616

　　一直以来，我们通过想象旅行，我们穿越时空，回到历史现场，试图了解那些生活过的人、发生过的事。在这里，我们遇见了他——一位真正喜欢旅行的人。小时候，他喜欢读书，尤其像历史、地理、传奇故事这类"闲书"。读了很多书后，他就想："为什么我不离开家乡，去看看外面的世界，亲身感受书上描写的大山和河流呢？"但是当时的中国人有个规矩，父母都还健在时，儿女不能远游。有一天，母亲对他说："男孩子应该志在四方。去实现你的理想吧，不要像笼子里的鸟儿一样，整天待在家里。"后来男孩去过很多地方，他爱上了旅行。他的名字叫徐霞客。

　　徐霞客一开始只是在家乡附近游历，后来，他越走越远，走遍了大半个中国。在旅行的路上，徐霞客身边有时会有一名仆人跟随，有时他和路上碰到的僧人一起结伴，但更多的时候他独自一人行走。他随身携带一个包袱，一根拐杖，在草地上和大黄牛聊天，到树林里找猿猴说话。他把探险路上看到的景色画下来，将考察过的知识写下来。徐霞客没有专门练习怎么写华丽的文章，但是他写的东西，即使是很会写文章的人也难以超越。他写的文章都收录在《徐霞客游记》这本书里。

　　每当徐霞客的钱用完了，他就会回家。后来家里也没钱了，他就想尽办法从朋友或者有钱的人那里获得资助。从22岁开始外出，直至去世，徐霞客的旅行历经34年。他一生几乎都在旅行的路上。

　　徐霞客所记录的旅行经历给后人留下丰富的地理知识，直到现在，他还为人们所敬仰和称道。

正红旗

正白旗

正蓝旗

正黄旗

八旗制度

　　努尔哈赤是清朝最早的统治者。他根据女真族牛录制，规定三百丁组成一牛录，五牛录为一甲喇，五甲喇为一固山。固山也称旗，由一名贝勒总管，总管的贝勒简称为旗主。最初，努尔哈赤有四个固山，分属黄白蓝红四种旗色，后来增加了镶黄、镶白、镶蓝、镶红四种旗色，成为八旗。清朝统治者能够入主中原，靠的就是八旗军的战斗力。

卖地契约

　　明朝末年，农民失业，卖掉土地的人很多。民间土地买卖一般由卖方找中介寻找买主，三方在一起议定价格，写成合约，写明业主姓名，卖地原因、土地编号、面积、四至、议定价格、付款方式以及买主的姓名等。由三方签字画押，合约即可生效。

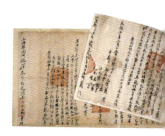
加盖政府的官印，就是合法的土地买卖契约。

1644年　李自成称王，清政府迁都北京。

1642年　荷兰殖民者入侵台湾

李自成

明代地理学家徐霞客

沈阳故宫

沈阳故宫是清朝初期努尔哈赤和皇太极的宫殿,为中国现存完整的两座宫殿建筑群之一。沈阳故宫各主要宫殿的设计,是以17世纪初东北地区常见的建筑样式为基础,在继承中国古代建筑传统之上,融合了多个民族元素。有的建筑造型来源于草原上少数民族搭建的营帐;有的在装饰上借鉴了藏传佛教建筑特色的兽面、蜂窝、莲瓣、如意等式样,有的在布局上体现了满族的八旗制度。

1627年
皇太极攻宁远、锦州,被袁崇焕击退。

皇太极调兵木信牌

1615年
努尔哈赤正式建立八旗制度

努尔哈赤

回到从前 HUIDAO CONGQIAN

大发明

明朝后期　1615-1581

神火飞鸦

历史真的很神奇，它有自己的发展规律，但也随处可见各种偶然。这些偶然往往改变了人类文明的进程。

在中国古代，道士们为了谋求长生不老、成仙得道，流行用火炉炼制"仙丹"。炼丹使用的原料有硫黄、硝石和木炭等。某一天，不知哪个倒霉的道士在把这些原料混在一起炼丹时，发生了爆炸。爆炸把道士们送上了"仙路"，却也让人们发现了一个秘密——最迟在公元808年以前，含硫、硝、炭3种成分的火药就在中国诞生了。

火药被发明以后，很长一段时间里只用来制作节日里燃放的烟花爆竹。到了宋元时期，火药才被用于一项足以改变整个人类命运的发明——兵器。到了明代，火药的配方和制作工艺更加成熟，火器的制作也花样繁多。

火铳和鸟铳：火铳类似于现代的步枪，手持发射，一般填充石弹和铅弹，但射程比较近。到了明代中后期，人们又发明了类似于自动手枪的拐子铳、射程达到150米的鸟铳，以及射程更远的迅雷铳、抬枪等。

地雷和水雷：最早的地雷是用陶土烧成空心的蒺藜，里面装上火药，爆炸后每个棱角都有杀伤力。其他还有石头雷、生铁雷等。

火炮：火炮是明代火器中重要的部分。火炮的口径和形体都很大，一般安装在发射架上，炮筒内装上石弹、铅弹或铁弹，射程在几百米到一千多米。

火箭：火箭是明代火器中值得大书特书的一部分。明代的火箭箭杆前端绑有火药筒，利用火药爆炸时产生的反作用力，把箭发射出去。后人在此基础上发挥天才的创造力，发明了多弹头火箭"一窝蜂"、能进行远程轰炸的"神火飞鸦"和世界上最早的二级火箭"火龙出水"等。

1592年　日本关白丰臣秀吉入侵朝鲜。明朝出兵赴援，大败。

《武备志》中记载有明代火器的详细制作、使用情况

一窝蜂

万人敌——大型爆炸燃烧武器，重40千克，外皮为泥制，产生于明末，用于守城，为了安全搬运一般带有木框箱。

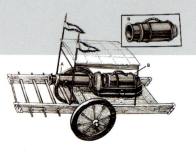
佛朗机——正德年间利用欧洲技术制造，使用带炮弹壳的开花炮弹。

《天工开物》中有关于抬枪的制作，抬枪有三角支架和旋转装置，威力强大，有点类似现代机枪。

《天工开物》

《天工开物》是著名的科技著作。这部书以图为主，原理形象，文字简明，系统记述了中国农业、手工业中的各种技术成就，在世界科技史上有重要地位。它的作者是明代著名科学家宋应星。

《天工开物》中关于生熟铁冶炼方法的记述

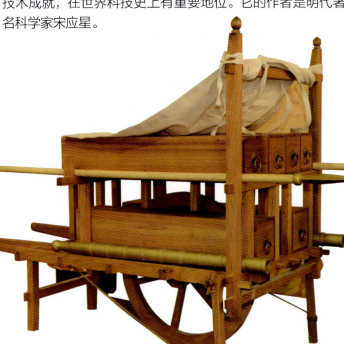

架火战车是明代特有的战车，它由独轮车和火箭、火铳、长枪组成，具有很强的攻击力。

火龙出水

1583 年		1581 年
利玛窦开始在中国传教	张居正	张居正进行赋税制度改革，全面推行一条鞭法。

《农政全书》

《农政全书》是中国古代农学集大成之作，共60卷。它的作者徐光启是明末伟大的科学家、农学家。明万历年间，意大利传教士利玛窦来中国后，曾与徐光启一起研究天文、历法，共同翻译了《几何原本》。

《本草纲目》中关于药物的记载

《本草纲目》

《本草纲目》是著名的医学著作，载有药物1892种，收集医方11096个，绘制精美插图1160幅。它的作者是明朝医药学家李时珍。李时珍在书中批判了水银"无毒"、久服"成仙""长生"等说法。当时皇帝大臣都信道士们的水银炼丹，所以这部著作大书商们都不敢出版，直到他死后于公元1596年才与读者见面。出版后立即引起了巨大的反响，成为医生们的必备书籍。

《农政全书》中关于水转连磨的记载

回到从前
HUIDAO CONGQIAN

海盗的世界

 明朝中期　　 1581—1435

让我们的视线暂时离开大陆，转移到历史上被中国人忽视的海洋。我们来到400多年前的中国东南沿海，这里是一个海盗的世界。此时欧洲正处于大航海时代，各国海盗成群结队地满世界寻找"新大陆"，每发现一个新的地方，海盗们就插上国旗宣称它是自己国家的领土，然后屠杀、驱赶当地人，或者把他们变成奴隶。这些海盗队伍，大多背后有政府的支持，有的人甚至被授予勋章，封为爵士，被本国人视为英雄而受到崇拜。

不过当时的中国海盗可没有这么好的待遇。在明朝，法律规定任何船只都不许下海。生活在沿海的居民于是没有了经济来源，他们中的一些人决定铤而走险，进行非法的走私活动。他们高价把中国的物品卖到东南亚和日本，用赚来的钱组建私人武装，以保护商船。有时碰到从荷兰、西班牙、葡萄牙赶来的海盗，就顺手打上一架。渐渐地，做走私生意的船主们发现，抢劫比做生意收益大，于是纷纷搞起兼职，在做生意之余也干上抢劫商船、掠夺海边居民的营生。就这样，商人变成了横行霸道的海盗。

中国海盗中有一个叫王直的，最多时拥有几十万的兵力。他把基地建在日本冲绳一带，时常带着混有日本人的海盗到福建和浙江等沿海地区杀人放火，抢劫财物。深受其害的民众开始了抗击倭寇的斗争——当时人们将从日本来的海盗叫作倭寇。在与倭寇的斗争中，最出名的是戚继光的戚家军，他们根据长、短兵器的作战特点，用独特的阵法鸳鸯阵进行训练。十几年后，倭寇的威胁最终被解除了。

300年后，日本人又一次进犯中国，这次的规模和给中国带来的伤害远比明朝时期的海盗们大得多。

1569年	1563年	1549年
戚继光任总兵官，镇守蓟州等地。	巡抚谭纶率戚继光、俞大猷、刘显三将大破倭寇。	海盗王直、陈东与倭人勾结，劫掠浙东，沿海倭患不断。

戚继光

鸳鸯阵

在古代，阵法作为冷兵器时代的一种战斗队形的配置，具有重要的实战意义。赫赫有名的鸳鸯阵就是戚继光为对付倭寇而创建的，此后在许多战役中发挥了至关重要的作用。鸳鸯阵以十二人为一作战基本单位，长、短兵器相互配合，可随地形和战斗需要而不断变化。

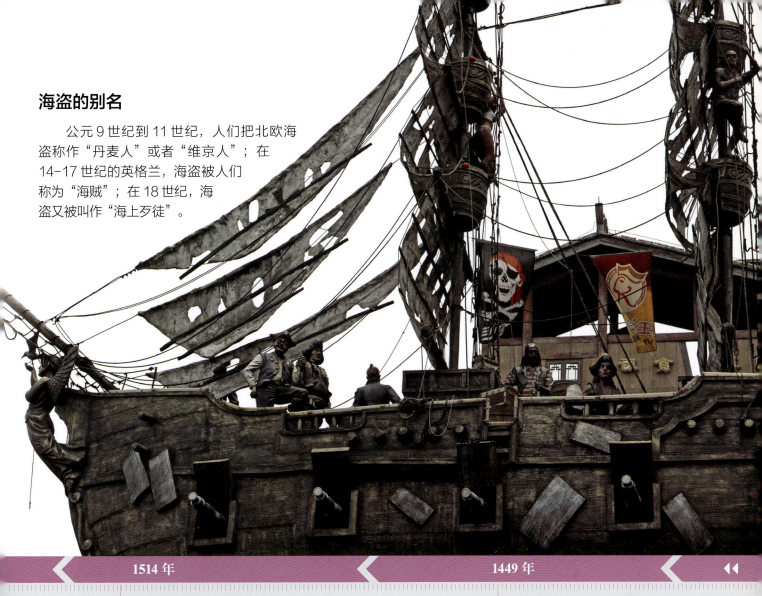

海盗的别名

公元9世纪到11世纪，人们把北欧海盗称作"丹麦人"或者"维京人"；在14-17世纪的英格兰，海盗被人们称为"海贼"；在18世纪，海盗又被叫作"海上歹徒"。

1514年 — 葡萄牙商船首次抵达广东

1449年 — 土木堡之变

土木堡之变

1449年，瓦剌首领攻入山西大同。明英宗受宦官王振操纵，不顾大臣反对，率50万大军亲征，在土木堡被瓦剌军追杀。土木堡之变致使明英宗被瓦剌也先俘获，无数文官武将战死，50万大军全军覆没，财产损失不计其数。强盛的明朝由盛转衰。

➡ 英宗率军作战路线
➡ 拟定返京路线
➡ 也先作战路线

(19)

穿越马六甲

 明朝初期  1435-1368

我们此次的穿越之旅，与海洋有关的历史寥寥无几。在为数不多的海洋记忆中，我们不得不提到一个人——三保。他的航海经历对中国的影响，直到几百年以后仍意义深远。

三保对航海充满了好奇！父亲经常跟他讲惊险的航海故事，海洋那边的奇人异事让他为之着迷。三保发誓长大后也要像父亲那样去航海旅行。但是，让三保没有想到的是，他的愿望在11岁时就破灭了。那年，少年三保成了战俘，被迫加入了明朝的军队。随后，他跟随军队四处征战。在战争中，三保去过很多地方，他见过高山上的风雪，看过沙漠里的落日。后来，三保来到燕王朱棣的身边，成为他的一名亲信。1403年，朱棣当上了皇帝，三保作为太监跟着皇帝住进了皇宫。他得到了很多别人想都不敢想的荣耀，皇帝还赐给他一个新的名字——郑和。成为郑和的三保，整天待在皇宫里，过得越来越不开心。有一天，他对皇帝说想去远方。皇帝同意了他的请求，并给他派了一个巨大的船队。郑和的航海梦终于就要实现了。

1405年7月11日，郑和开始了中国历史上最伟大的航海旅行。他带领27000多人，乘风破浪，一路向南航行。他们来到越南，穿过马六甲海峡，到过马来西亚、斯里兰卡和印度，了解了许多异国风情。在接下来的20多年中，郑和一次又一次地出海远航。他去过30多个国家，最远的到过非洲东海岸、红海和麦加。

1433年，62岁的郑和在最后一次航海的途中病逝于印度。

判断航向

在我国古代，指南针发明以前，人们航海时判断航向，白天就看太阳的影子，夜晚靠天上的星星。比如根据北极星的方位来判断哪边是北方。后来，人们根据指南针发明了罗盘，罗盘在航海中的使用，保证了郑和远洋航行得以顺利开展。据说，郑和船队的每艘船上都配有罗盘，罗盘上刻有24个方位，以天干地支与八卦五行命名，由24人掌管航船的方向，这是当时世界上最先进的航海技术。

郑和雕塑

1405年	1382年
郑和初下西洋	设置锦衣卫

锦衣卫腰牌

《永乐大典》

　　《永乐大典》是一部大型百科全书，编撰于明朝永乐年间。全书共 22877 卷，仅目录就有 60 卷，收录先秦以来重要的典籍七八千种。《永乐大典》保存了明代以前大量的哲学、历史、地理、语言、文学、艺术、宗教、科学技术等方面丰富而可贵的资料，是中华民族珍贵的文化遗产。

《永乐大典》

郑和船队的船只多的时候有一二百艘，其中大中型宝船有六七十艘。根据文献记载，大型宝船长约 138 米，宽约 56 米，是世界航海史上最大的木质帆船。

1374 年	1369 年	1368 年
颁《大明律》  大明律	朱元璋诏令全国建学校	朱元璋称帝，国号大明。

回到从前
HUIDAO CONGQIAN

和马可·波罗一起冒险

 元朝　1368-1206

我们的穿越是一次冒险的旅行，也许，我们走进历史中，就再也回不来了。幸好，我们遇到了许多勇敢的人，他们的冒险经历激励着我们继续前行。

"那里的喷泉冒着黑色的油！"

"那里有能燃烧的石头。"

"每天，有超过1000辆的马车装满了丝绸涌入城里。"

在意大利的威尼斯广场，在码头，马可·波罗向每一位路过的人讲述他的冒险故事。"东方有一个神奇的国家，那里的城市比威尼斯大得多。人们住在华丽的宫殿里，用纸买东西。"没有人相信他的话，"这人是个疯子，不要听他的。"人群中有人喊道。

后来，马可·波罗在一场战争中被俘，在监狱中他继续讲他的冒险故事。这些故事都被记录在《马可·波罗游记》这本书里。《马可·波罗游记》大受人们的欢迎。有的人看过书后对东方充满向往；有的人根据书里的资料绘制了地图；有的人把马可·波罗当作偶像；也有的人认为那些冒险故事是马可·波罗想象出来的"天方夜谭"。

在书中，17岁的马可·波罗和他的父亲、叔叔开始了穿越亚洲的冒险。他们从威尼斯出发，渡过大海，穿过沙漠，翻过高山，来到元朝的首都。这趟旅程，在今天也许只要十几个小时就能完成，但当时，马可·波罗一家花了4年多的时间。后来，马可·波罗在中国四处游历，见到了许多伟大的城市和许多不可思议的人。在中国停留了17年后，马可·波罗带着震惊整个西方世界的故事回到了威尼斯。

虽然直到现在，还有许多人不相信马可·波罗真的到过中国。但一直以来，马可·波罗的冒险故事激励了许多人，许多航海家受到马可·波罗的启发，走上了扬帆远航、探索世界之路。

威尼斯 → 地中海 → 两河流域 → 波斯湾

威尼斯 → 波斯湾 → 阿拉伯海 → 马六甲海峡

马可·波罗到达中国和归国大致路线

《马可·波罗游记》

《马可·波罗游记》全书分四部分，第一部分记述了马可·波罗沿途所看到的各地风土人情；第二部分记载了元朝初年的政事和大汗忽必烈所发动的战争，描述了大汗朝廷、宫殿、节庆等事宜和北京、西安、开封等名城的繁华景况；第三部分介绍了中国邻近的国家；第四部分讲成吉思汗后裔蒙古诸汗国之间的战争和俄罗斯的概况。

元大都

元大都是唐代以来中国最大的一座新建城市，明清两代北京城就是在元大都的基础上扩建而来的。历时20余年，完成宫城、宫殿、皇城、都城、王府等工程的建造，形成新一代帝都。它是13-14世纪世界上最宏伟壮丽的城市之一。

元大都遗址

驿站

1206年，忽必烈成为蒙古大汗，后改国号为元，元朝正式建立。元朝建立后，疆域十分辽阔。为了加强各地之间的联系，朝廷大力发展交通运输，建立了许多驿站和四通八达的驿道。全国有各类驿站1500多处，驿站间的交通工具有马、牛等。每个驿站有若干站户，他们负责管理驿站的交通工具，为过往的使臣提供饮食、住宿。按规定，朝廷的文书一昼夜要传递400里，驿使上路时路上行人都要避让。

元代磁州窑白地黑花龙凤纹罐

元代青花瓷

为满足蒙古贵族大吃大喝、豪华奢侈的生活，元代的陶器都做得很大，盘、碗、壶、罐的容量都大大超过其他朝代。

| 帕米尔高原 | 喀什 | 敦煌 | 元大都（今内蒙古多伦县西北） |
| 苏门答腊岛 | 爪哇国 | 泉州 |

四等人

元朝将各族人民划分为蒙古族、色目人、汉人和南人四个等级，并且规定这四等人在做官、打官司、科举名额等方面有一系列不平等的待遇。第一等蒙古族人，是元朝的国姓。第二等色目人是元朝对除蒙古族以外，中国西部各族、西域以及欧洲各族人的统称。第三等人指淮河以北原金朝境内的汉族和契丹、女真等族，以及较早为蒙古所征服的云南人，及最晚为蒙古征服的四川人。高丽人也属于这一等。第四等南人是最后被元朝征服的原南宋境内居民。

女真武士

契丹渔猎木立俑

吃的学问

 南宋　1279–1127

马可·波罗的背影渐渐远去，我们继续在历史中穿越。来到了宋代的开封府，我们进了一家酒店，落座点菜。

"老板，来一盘西红柿炒鸡蛋。"

老板呆呆地看着我们，"不好意思，西红柿这玩意儿现在还长在秘鲁，得几百年后才传过来。""哦，好吧，那来份青椒肉丝。"

"青椒也得再过几百年才有。"

"土豆丝有没有？""没有。"

"花生呢？""也没有。"

"那你们都有什么？""茄子、菠菜、扁豆、莴苣……"

"好吧，随便上一盘。主食有什么？""饼！我们这有烧饼、汤饼、蒸饼、环饼、油饼、肉饼。"

"……你们宋朝人吃的东西可真单调啊！"我们无奈地感叹。

其实，宋朝人在对待吃的问题上是很认真的，相比以前，宋朝的饮食已经与现代很接近了。主食上，南方以稻米为主，北方被小麦占领，出现了各式花样的面食，如饺子、馄饨、馒头、包子等，只是名称上统称为"饼"。在菜式上，宋朝以前，人们以吃肉为美，素菜只是主食不足时的补充。到了宋朝，素菜才成为独立的菜品出现。虽然现代常见的个别蔬菜要等到明清时期才从国外引进，但宋朝时期的蔬菜的品种已比较齐全，甚至出现了专业的蔬菜生产基地，黄瓜、茄子、芹菜、萝卜、白菜、冬瓜、竹笋、菌类等都是畅销品种。宋朝之前，我们的祖先在烹饪手法上显得很没有创意，不管什么菜不是蒸就是煮。今天我们喜欢的炒菜从宋朝才开始流行，色、香、味俱全的炒菜的出现，很快就淘汰了在汤锅中被煮得像一团糊的菜泥。

宋朝人对吃的热情还体现在菜肴的造型上，做出了惟妙惟肖的食雕和别出心裁的花色拼盘。如果要挑选一位最有名气的宋朝"吃货"，那非苏东坡莫属。有人统计过，他的诗词中出现的食材有近100种，粮食、鸡鸭鱼肉、野味、水果蔬菜，不一而足。对了，他还发明了一道著名的菜——东坡肉，直到现在，这道菜还深受人们的喜爱。

《梦溪笔谈》

《梦溪笔谈》一共30卷，内容涉及天文、数学、物理、化学、生物等各个门类学科。它是一部涉及古代中国自然科学、工艺技术及社会历史现象的综合性笔记体著作。该书在国际上也受到重视，英国科学史学家李约瑟评价《梦溪笔谈》为中国科学史上的里程碑。

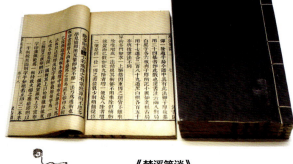

《梦溪笔谈》

1279 年　元军攻破崖山，宋灭亡。

崖山海战

1278 年　文天祥被元军俘获，坚贞不屈，后遇害。

成吉思汗

活字印刷

印刷术走向世界

中国的印刷技术对世界文化的传播、交流起了巨大的推动作用。印刷术首先从中国传入朝鲜、日本、越南、琉球等东亚各国。9世纪朝鲜雕版印刷了《大藏经》；11世纪日本印成了《唯识论》。后来，印刷术向西传入阿拉伯地区。13世纪末波斯印刷了纸币，币上采用中国和阿拉伯两种文字。此后，印刷术传入欧洲，14世纪末到15世纪初，德国南部和意大利威尼斯各自用雕版印成纸牌和圣像。欧洲使用活字印刷术首推德国人古腾堡，他于1456年印成《四十二行诗》。

书院

唐朝末年到五代期间，战乱频繁，许多读书人避居山林，后创立书院。南宋时随理学的发展，书院逐渐成为学派活动的场所。宋代最著名的有四大书院：江西庐山的白鹿洞书院、湖南长沙的岳麓书院、河南商丘的应天府书院、河南登封的嵩阳书院。书院大多是自筹经费，建造校舍。教学采取自学、共同讲习和教师指导相结合的形式进行，以自学为主。学院教学的主要目的是为了教育、培养人的学问和德性。

岳麓书院

1206年	1175年	1134年	1129年
蒙古汗国建立，铁木真被推举为"大汗"，尊称"成吉思汗"。	朱熹和陆九渊在鹅湖寺进行大辩论	岳飞出师北伐	金军进逼扬州

回到从前
HUIDAO CONGQIAN

画中的世界

五代、北宋　　1127—907

我们在旅行中尽量小心翼翼。我们走得很轻，怕惊扰历史沉睡的梦。那些梦中的人们和他们的生活变成了历史，历史也成了一幅画卷。画卷上，郊外稀疏的树木掩映着几处房屋，骑马的、抬轿子的、挑担子的，在路上匆匆忙忙地走着。

来到河边，只见沿河两岸茶馆、酒楼林立；码头上的人们正在往船里搬运货物；河面上船只来来往往，一名船夫正费力地撑住被水流冲得乱转的船头。不远处，一座宽大的拱桥立在河上，桥头布满了小摊，有卖食物的，卖剪子、刀的，卖杂货的，摊主正招呼着行人推销自己的货物。

走过拱桥往前是城门，一队商人拉着骆驼不紧不慢地走着。穿过门洞，热闹非凡的城市展现在眼前。街道两旁的房屋层层叠叠，官府、民宅、商店、酒楼鳞次栉比，卖绸缎的绸庄，卖香油的油坊，运送货物的商号令人目不暇接。街边有人在算命，有人在看病，有人在修面，有人在修车。街面上，骑马的官吏，坐轿子的女人，背背篓的行脚僧人，短衣打扮的劳力等各色人等川流不息。叫卖声、哭喊声、吵架声、赶牲畜的吆喝声响成一片。这里是北宋的都城汴京，12世纪世界上最大的城市之一。

今天，我们之所以能看到900年前中国都城的样貌，能了解那时普通人的生活面貌，主要来自于一幅画——《清明上河图》，它就像是一张900年前拍摄的照片，把历史的瞬间定格在我们眼前。

春联

在我国古代，人们认为桃木有镇邪驱鬼的功能，就把长方形桃木板挂在大门两侧，上面画上神的图案，这样的桃木板叫作桃符。到了五代十国时期，人们在桃符上题写吉祥的话。宋代后期，桃符由桃木板改为纸张，叫"春贴纸"或"春联"。到了明朝，贴春联的习俗盛行。直到现代，春联成为中华优秀传统文化的一部分。

诸神逐渐定形

经过唐宋时期的改造和新产生的，我国道教的神体系逐渐定形。如门神在唐代是秦琼和尉迟恭，宋代加了一些新的门神，有将军、朝官、宝马、瓶鞍等；灶神是主管饮食的神，也称灶王；财神是管招财进宝的神，一般认为财神是赵公明，也有认为赵公明是武财神，文财神为范蠡。其他的诸如土地神、城隍、药王、关帝等神也在民间流行，沿海地区还供奉航海保护神——妈祖。许多习俗流传至今，如迎接财神贴。

1127年	1115年	1069年	1041年	1038年
金军俘宋徽、钦二帝，北宋灭亡。	女真阿骨打称帝，建金国。	王安石开始实行变法	毕昇发明活字印刷	西夏建国

宋代五大名窑

宋代是我国陶瓷制作的鼎盛时期,宋瓷也闻名世界。定窑、汝窑、官窑、哥窑、钧窑为五大名窑,这些瓷窑烧制的瓷器形制优美,高雅凝重,艺术上不但超越了前人的成就,即使后人仿制也少能匹敌。

蹴鞠

蹴鞠是中国古代的一项体育活动,类似于现代的足球。早在战国时期汉族民间就流行娱乐性的蹴鞠游戏,从汉代开始成为兵家练兵之法。到了宋代,出现了蹴鞠组织与蹴鞠艺人。2006年,蹴鞠已作为非物质文化遗产,被列入第一批国家级非物质文化遗产名录。

定窑瓷器以白瓷为主

汝窑的瓷器以天青色为主,由于汝窑存在的时间很少,传世的汝瓷稀少。

官窑是由政府直接营建,炼制的瓷器专供宫廷使用。

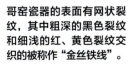

哥窑瓷器的表面有网状裂纹,其中粗深的黑色裂纹和细浅的红、黄色裂纹交织的被称作"金丝铁线"。

钧窑瓷器在炼制过程中,由于窑内温度发生变化,导致其表面釉色五彩争艳,瑰丽多姿。

宋太祖蹴鞠图

后周世宗下令废佛寺三万余所,僧尼括为编户,销铜佛像,铸为钱币。

| 1004 年 | 960 年 | 955 年 | 916 年 |

契丹大举攻宋,交战双方订立澶渊之盟。

陈桥兵变,将士们拥立殿前都点检赵匡胤为皇帝,立国号宋。

契丹首领耶律阿保机称帝,建契丹国。

《韩熙载夜宴图》(局部)

仗剑醉歌江湖吟

唐朝后期　907-755

"看呐！太阳暖洋洋的。"
"看哟！那只蹦蹦跳跳的小鸟多快活。"
"看啊！这里的小草在点头呢。"

小男孩在野外疯狂地跑着，他的叫声和笑声传得很远很远。

小男孩热爱着周围的一切，他喜欢在田野里奔跑，在山坡上打滚。他喜欢看天上的白云，听风在耳边吹过的声音。小男孩对一切都很好奇：雨是不是从银河里流下来的？住在天上的仙人长什么样？我能不能一眨眼就到了几千里之外的地方？小男孩长大后，依然热爱着身边的一切，他把他热爱的东西都写进诗里，化到舞动的剑上，溶入一杯杯的酒中。他是名满天下的诗人，他是李白。

公元745年，李白走出皇宫，仰天长嘘一口气，他终于下定决心要离开长安了。

李白本来不想离开长安的，当年刚来的时候，皇帝欣赏李白的才华，李白也为皇帝写了许多赞美的诗。后来，李白渐渐对宫廷里的一切感到厌倦，他开始怀念以前在各地云游的自在生活。李白离开长安后，去过很多地方。他在田野里看天上的白云，在山坡上听风的声音。李白依然热爱着身边的一切，他把它们都写进诗里。李白写了很多诗，直到今天，我们还在读他的诗，在他的诗里，我们看到了祖国许多壮丽的河山，看到了那个依然对周围一切感到好奇的小男孩。

唐朝的酒

唐朝人喜爱喝酒，聚会、会友、闲聊、写诗、作画等时候都要有酒相伴。在唐代，蒸馏法酿酒技术还没有出现，当时的酒是用粮食、水和酒曲混合在一起发酵酿成的，酿出的酒往往是浑浊的，带点绿色，味道有点甜，度数比较低，有点像现代的黄酒。随着葡萄酒酿造技术传入中原地区，葡萄酒在唐朝也开始流行。

李白

唐朝的酒

907年 朱温取代唐朝，建立梁，史称后梁。

884年 唐末农民起义失败

880年 起义军攻占长安，黄巢称帝。

唐三彩

唐朝的陶瓷艺人对多种金属氧化物的呈色原理有了进一步认识，在原有的铅釉陶中加入铁、铜、钴、锰等不同金属氧化物，烧制出集黄、赭、绿、白、蓝等色中的一色或几种颜色于一器的彩陶，这就是唐三彩。唐三彩在唐朝主要是作为随葬品使用，由于比较松脆、防水性能差，实用性不如当时的青瓷和白瓷。

内蒙古博物馆陈列的辽代三彩摩羯壶

马毬运动

摔跤、拔河、秋千、围棋等是隋唐时期受欢迎的体育运动，不过最盛行的体育活动是马毬。马毬是人骑在马上，手拿毬杆击打毬，毬杆与现代的曲棍球的球杆形状差不多。唐朝的皇帝大都喜爱马毬运动，在他们的推动下，马毬运动久盛不衰，一直延续到清朝。

这件唐三彩中的骆驼双眼圆睁，昂首张嘴，背上驮有货物。它的全身以深黄釉为主，腰为黄绿釉，鬃毛为黑褐色。

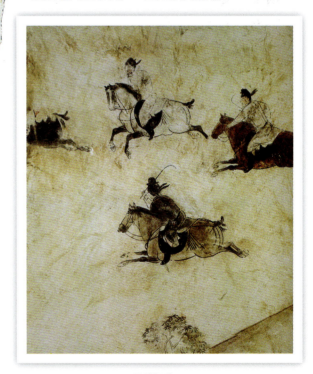

马毬运动

868 年	770 年	762 年
王阶刻印《金刚经》，为现存所标年代最早的雕版印刷品。	杜甫病逝于湘江上	李白醉逝

杜甫

回到从前
HUIDAO CONGQIAN

医生是如何炼成的？

 唐朝前期  755-618

在旅行中，我们总是对一些古老的职业产生好奇：它们在今天与几百年前甚至上千年前有多少改变？这些变化，究竟是历史的无情还是宽容？

医生是一个古老的职业，几乎在人类诞生初期就已经产生。假如你生活在唐朝，有志成为一名医生，那你有几条路可以走。

如果你生于医学世家，那么恭喜你，你成功的几率还是很大的。在中国古代，医生和许多行业一样，都是子承父业，世代相传。

如果你的家族没有从事行医职业的人，没有关系，你可以拜师学艺，这也是古代中国许多技艺传承的一种方式。

如果你生于普通人家，家里既没有医生，也没有机会拜师，那也不要灰心，你还可以通过自学成才。唐朝许多人因为自身从小体弱多病，从而自学医书，终成一名好医生。

当然，如果你有幸生于士大夫贵族家庭，你想学习医术的话，可以上官办的医学校。唐朝时期，中国已经有专门进行医学教育的学校，京城有直接隶属太医署的医学，各州府创办有地方医学，还有专门对医学生进行本草教育的药园。

进入医学校，你将接受几年非常严格的教育。首先你得挑选一个专业，唐朝医学校的专业划分很明确，分为医科、针科、按摩科和咒禁科4科。其中医科又分为内科、外科、儿科、五官科和针灸科。针科专门学习穴位针理和针灸方法；按摩科专门学习血脉经络和按摩推拿；咒禁科则专门学习如何念咒施法，召唤魂魄。学习期间有月考、季考、年考和毕业考试。

不管通过什么途径，你终于成为一名医生了。你正想大显身手，实现救死扶伤的理想。但是请稍等，在这之前你得做好心理准备。在中国古代，长期以来医术被认为是百工伎巧，医生是一个卑贱的职业。在唐朝，医生的社会地位不高，那时，读书的正途是参加科举考试，进入仕途。

755年	754年	753年	725年	690年
安史之乱爆发	全国户九百零六万九千一百五十四	鉴真抵日本	一行与梁令瓒制成铜铸水运浑仪。南宫说等人以一行之术实测子午线1°之长。	武则天称帝，为中国历史上唯一的女皇帝。

药王孙思邈

孙思邈是唐朝医药学家，小时候他体弱多病，后来学医。他的著作《备急千金要方》和《千金翼方》对疾病诊断治疗的方法以及营养卫生知识等有详细记述。书中还首次列出幼儿疾病、妇科疾病，对中国医学作出较大贡献。孙思邈也被后人尊称为"药王"。

《千金翼方》

西行取经

629年，玄奘独自一人从长安出发。经数年跋涉，他终于到达目的地印度。在印度，玄奘研习经文10年多。当他携带657部梵文佛经回到长安时，受到盛大欢迎。此后，玄奘翻译经文，口述《大唐西域记》，向人们介绍他西行沿线经过的国家、地区概况。

文成公主入藏

据说，文成公主的陪嫁十分丰厚。有各种金玉、珍宝、美食、锦缎和经典书籍，还有60种营造与工技著作，100种治病药方，4种医学论著，5种诊断法，6种医疗器械，此外还携带各种谷物和芜菁种子等。文成公主的随行队伍中还有各种工匠，他们成为传播中原先进文明的使者。

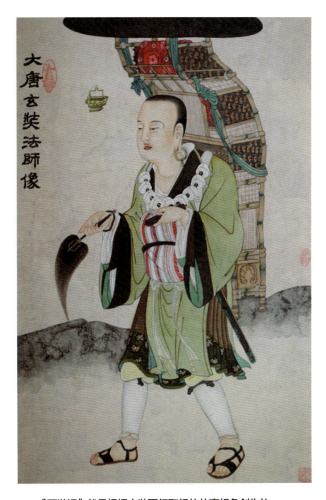

《西游记》就是根据玄奘西行取经的故事想象创作的

651年	645年	641年	630年	627年	626年
大食第三任哈里发奥斯曼遣使来唐，唐与大食的官方联系由此开始。	玄奘取经归来	文成公主入藏，与吐蕃赞普松赞干布和亲。	西北各族君长尊太宗为天可汗。日本遣唐使抵唐。	全国分为十道	李世民发动玄武门之变，杀其兄太子建成和弟弟元吉，李渊被迫退位。

大明宫

大明宫位于长安城外，是唐朝的皇宫。它的正殿含元殿是朝廷举行大型庆典的地方。当时长安城是世界闻名的大都市，亚洲、非洲、欧洲国家的使臣、商人和留学生很多。特别是日本，派来了大量的留学生和学问僧。大明宫是当时世界上最有吸引力的地方。

天才建筑师的悲哀

一般来说，伟大的科学家是人类的财富。但有时，这些天才们也会把国家引入毁灭的深渊。如果你不信的话，跟我们去隋朝认识一位伟大的建筑师吧！

公元555年，宇文恺出生于一个贵族家庭：他的父亲、大哥、二哥因多次荣立战功，受到皇帝的封赏。但宇文恺没有步父亲和兄长的后尘，他不爱骑马练武，对造房子更感兴趣，一有空就出去练手艺。就这样，年少的宇文恺成了一名颇有名气的建筑师。

581年，隋朝建立。隋文帝看中了宇文恺的建筑才能，命令他营建一座新的都城。面对这项大考验，宇文恺一战成名：新造的大兴城，面积相当于今天西安城的7.5倍。城内规划严谨，排列整齐，如棋盘一般，块块分立。城中通往城门的街道宽都在100米以上，最宽的街道达220米。大街小巷纵横交错，各大街的两侧开有排水沟，道旁种上整齐的树木，把道路变成宽广笔直的林荫大道。大兴城成为当时世界上最宏伟、优美的城市。从此，宇文恺在建筑大师的舞台上星光闪耀。我们来看看他的业绩：开通广通渠，修建仁寿宫。隋炀帝上台后，他又再接再厉，营建了一个新东都洛阳，制作了一个能容纳几千人的大帐。不过，最能体现出宇文大师天才能力的要算他为隋炀帝设计的"观风行殿"。"观风行殿"的外观是一座宫殿，宫殿的底下装有轮子，既能推行前进，又能随意拆装。

与宇文大师辉煌业绩相伴的，却是普通百姓的灾难：每一项工程都耗费大量的人力、物力和财力。为营建东都，每月役使民工200多万人，甚至不惜从遥远的江南用人工搬运木头。官吏借机敲诈勒索，家家哭声一片。至于想象力惊人的"观风行殿"，更让隋炀帝喜出望外，他经常坐着巡游各地，一路耀武扬威之下，民夫死伤无数。这些灾难，把国家推到了末路。

612年，宇文恺病逝。几年后，隋朝灭亡。

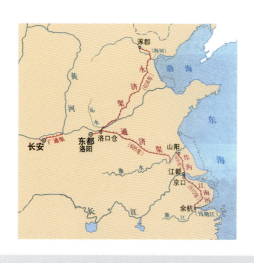

开通大运河

隋朝大运河的开凿始于隋文帝时代，是在已有天然河道和古运河基础上开通的。它分为永济渠、通济渠、邗沟和江南河四段。大运河以洛阳为中心，北到涿郡（即今天的北京），南到余杭，全长2000多千米，是古代世界最长的运河。大运河的开通，大大促进了我国南北经济的交流。

隋炀帝杨广

618年	614年	610年	608年	605年
李渊称帝，建立唐朝。	杨广三征高丽	凿江南河，南至余杭。	开永济渠	营建东都。开通济渠。疏浚邗沟。

建造赵州桥

605-617 年，在李春的主持下，赵州桥建成。赵州桥是世界上现存最古老的单孔石拱桥，它经受多次大地震的考验，1300 多年后，依然挺立。赵州桥设计了一个大拱和 4 个小拱，它的建成对中国此后的桥梁建造产生了极大影响，对现代钢筋混凝土桥梁的建造也有借鉴作用。

宇文恺

世界古代十大城市的面积 TIP

1. 隋大兴城（唐长安城），583 年建，面积 84.1 平方千米；
2. 北魏洛阳城，493 年建，面积约 73 平方千米；
3. 明清北京城，1421-1553 年建，面积 60.2 平方千米；
4. 元大都，1267 年建，面积 50 平方千米；
5. 隋唐东京（洛阳城），605 年建，面积 45.2 平方千米；
6. 明南京，1366 年建，面积 43 平方千米；
7. 汉长安（内城），公元前 202 年建，面积 35 平方千米；
8. 巴格达，800 年建，面积 30.44 平方千米；
9. 罗马，300 年建，面积 13.68 平方千米；
10. 拜占庭，447 年建，面积 11.99 平方千米。

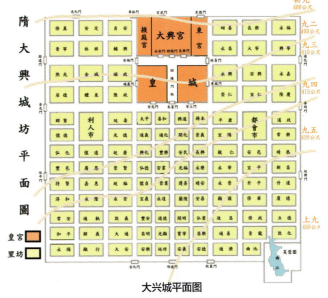

大兴城平面图

604 年	600 年	589 年	583 年	582 年
杨广杀父继位	日本使者小野妹子抵隋	隋灭陈，全国统一。	隋败突厥，突厥分裂为东西两部。	营建新都大兴城

回到从前
HUIDAO CONGQIAN

在云冈石窟雕刻佛像

 南北朝　　 589-420

这一站，我们来到1500多年前的北魏。

一位僧人打扮的男人在马路上缓缓地走着。他气定神闲，目光似穿透风沙投向远处。这时，迎面出现一行骑马的队伍，正中间的是一位年轻公子。当他们来到僧人的旁边时，年轻公子的马，突然咬住僧人的袈裟，怎么也不松口。僧人名叫昙曜，他是一个信仰坚定、志向高远的人。年轻的公子正是新任的皇帝拓跋濬。

建立北魏王朝的是一个游牧民族鲜卑族。鲜卑族原来生活在我国北方大漠之中，后来占领了北方的领土。拓跋珪是北魏王朝的开国皇帝。有一天，他作出了一个重要的决定：要利用佛教赢得汉人的信任，最后一统天下。

佛教很快成为了北魏王朝的国教。然而，多年之后，这个佛教王国竟然受到了"灭佛"的洗劫。

这场浩劫运动的始作俑者也是一位皇帝——拓跋焘。他以寺庙僧人私藏武器为借口，进行了一场大规模的"灭佛"运动。寺庙被烧毁了，僧人被杀害了。拓跋焘最后也病倒了。动荡的国度人心涣散，新任皇帝拓跋濬选择了开国皇帝的做法，决定重新用佛教来安抚民心。

后来昙曜向皇帝提出了雕刻佛像的建议。他的请求被批准了，云冈石窟的开凿就此开始。

这座绵延1000米的石窟群中，佛像风格多样，既有气势磅礴的波斯、印度等西域风格，也有富丽堂皇的北魏风情，甚至还融入了典雅的古罗马艺术特点。在这里，我们看到了中华文化包容外来文化的胸襟，正因为吸收了各民族的优秀文化，才形成了1000多年后博大精深的中华文化。

577年	574年	460年	494年
北周灭北齐，统一北方。	周武帝灭佛、道两教	云冈石窟开凿	洛阳龙门石窟约从本年起开凿

九色鹿本生壁画

位于敦煌莫高窟的第257窟里，有北魏时期绘制的壁画，壁画讲述了许多佛教故事。其中一幅说的是九色鹿的故事。九色鹿从河中救起一名落水的人，那人被救起后向鹿保证不向别人吐露鹿的行踪。有一天，王后梦见了九色鹿，想得到它。为了得到赏金，落水的人向国王告密了。于是国王带人捕鹿，九色鹿向国王诉说了救人的经过。国王深为感动，放走了九色鹿。最后，告密的人得到报应，身上长疮，口中恶臭。

龙门石窟

494年，一批佛教僧众和能工巧匠齐聚洛阳，他们开始为北魏的皇室贵族开窟造像。以后历经各朝营建，龙门石窟成为规模宏大的石窟群。龙门石窟的雕刻手法，已从云冈石窟的直平刀法向圆刀刀法转变，风格上更优雅端严。

九色鹿本生壁画

云冈石窟佛像

| 493 年 | 462 年 | 444 年 | 439 年 |

魏孝文帝迁都洛阳，开始实行汉化政策　　祖冲之奏上《大明历》　　魏太武帝灭佛　　魏太武帝统一北方

祖冲之推算圆周率

祖冲之是中国历史上一位伟大的科学家，在数学、天文历法和机械制造等方面都有突出的成就。他在总结前人经验的基础上，经过自己实际测量和精确运算，编制了一部优秀的历法——大明历。他还把圆周率推算到小数点后第6位，这一成就直到1000年后才被西方数学家超越。

祖冲之

《齐民要术》

《齐民要术》大约成书于北魏末年，是中国杰出农学家贾思勰所著的一部综合性农学著作，也是中国现存的最完整的农书。"齐民"，指平民百姓。"要术"指谋生方法。书中有农作物的栽培、园艺和植树技术、蔬菜和果树栽培、动物饲养和畜牧兽医、农副产品加工、烹饪等。《齐民要术》是世界农学史上最早的名著之一，对后世的农业生产有深远的影响。

贾思勰

残暴一家人

晋朝　420-265

我们在历史中已经走了很久。看过朝代的更替，战争的残酷，人性的黑暗，我们以为自己可以直面任何恐惧。但不经意间，历史还是向我们展现了人性有多冷酷。如果你有足够的勇气，可以听一听我们接下来要讲的故事。

石虎，羯族人。据说在石虎六七岁的时候，算命的说他："相貌奇特，骨骼清奇，将来必定是位富贵之人。"公元311年，17岁的石虎来到他的叔叔石勒的身边，还没有成为贵人的石虎此时最大的爱好是用弹弓射人。每次看到别人鲜血直流，他就异常兴奋。石勒见侄子生性残暴，本想杀了他，但一时心软没有下手。如果石勒能预料到后面的事，肯定会为自己的仁慈后悔不已。

333年，石勒病死，石虎杀掉了他所有的儿子，也就是自己的堂兄，然后自己当了皇帝。当了皇帝的石虎在残暴的路上更加无所顾忌，他随意杀人，荒淫好色。人们常说虎父无犬子，石虎的儿子石邃继承了父亲残暴的血统。他打扮好姬妾后，砍下她的头，洗干净血迹放在盘子里，为众人展示自己的"杰作"。后来，石邃想谋杀他的父亲石虎，石虎发觉后，杀了石邃及其妻女26人，埋在一口大大的棺材里。石虎的另外一个儿子石宣被立为太子。石宣没有辱没石家残暴的家风，他先杀了弟弟，后又想谋害父亲，但同样被石虎杀掉。最后，石虎只得立最小的儿子石世为太子。石虎死后，他的残暴精神流传了下来。石世登基一个月，就被自己的兄弟石遵杀掉。很快，石遵又死于另一个兄弟石鉴的刀下。不久，石鉴被大将冉闵杀掉。残暴的石家和曾经强大的羯族一起从历史上永远消失了。

青瓷提梁熏炉

青釉镂空三兽足熏炉

青釉鸡笼熏炉

香熏

三国两晋南北朝时期的贵族喜欢使用香料除去污浊的气味。贵族青年普遍喜欢用香熏衣，贵夫人出行时有专人捧香炉跟随。当时的香料品种很多，有些名贵的香料来自外国。在房间里使用香料时，放在香薰炉中点燃，香气从香薰炉的孔隙中飘出来。

与拜占庭建交

早在西汉时期，中国就同古罗马帝国有往来，他们称中国为"丝国"。拜占庭是罗马皇帝君士坦丁执政时期建成的新都。345-361年，拜占庭使者来到晋朝统治的长江流域。363年，晋朝也向拜占庭派出使者。晋朝和拜占庭的交往，不仅使丝绸的交易更加便利，也促进了中西方文化的交流。

拜占庭网纹玻璃杯（1948年河北省景县北魏封氏墓群出土）

420年	313年	384年	383年	376年	328年
刘裕建刘宋王朝，南朝从此开始。		慕容垂重建燕国 名僧法显从长安出发，西行往天竺求经。	淝水之战	前秦统一北方	东晋、前凉、成汉、前赵、后赵并存局面形成。

文化大发展

晋朝是中国文化大发展的时期。传统的儒教独尊的地位被打破，玄学、道教、佛教等都开始发展。北方少数民族南下带来的文化与中原地区的文化，以及长江以南的文化相互交融，使得此时各种文化并存。纯哲学、纯艺术、纯文学等都相继出现。

顾恺之《洛神赋图卷》

王羲之《初月帖》

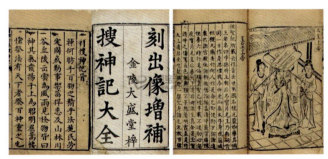

干宝《搜神记》

围棋作为一种高雅的消遣娱乐活动在晋代得到贵族普遍的钟爱

魏晋墓葬壁画

自汉代取得河西走廊以来，历代朝廷都在这里不断加以开发，开荒种田。后人在酒泉、嘉峪关等地发现许多魏晋时期的古墓群，这些古墓的砖墙上绘有许多壁画。有的壁画描绘的是战争的场面，有的展现当时的日常生活，有的画的是耕地的场景。从壁画中可以看出当地人的生活与中原地区已无太大差异，这也可以让我们了解魏晋时期人们的生产生活情况。

魏晋墓葬壁画——烹饪

魏晋墓葬壁画——耕地

魏晋墓葬壁画——牧马

317年	316年	312年	311年	304年	291年	282年
	汉国攻陷长安，西晋灭亡。		汉国攻陷洛阳，俘晋怀帝。		八王之乱	
司马睿建东晋		祖逖北伐		匈奴贵族刘渊起兵，建汉国。		医学家、历史学家皇甫谧去世。

战乱纷争

三国时期　280—220

有时，我们对某段历史的印象，是由一些著名的人物故事组成的片断。我们崇拜英雄，喜爱传奇故事，我们以为这些就是历史。在我们的穿越旅行中，我们试图走进当时普通人的生活，了解他们的内心。

公元184年，汉朝的官员们整天斗来斗去，没有人想着怎样去治理国家。这年，全国已经连续好几个月没有下雨，庄稼都干死了，但官员们还在逼着农民交税。走投无路的贫苦农民纷纷揭竿而起，想要推翻汉朝的统治。从此中国开始了近一个世纪的战乱年代。

在这100年间，先后出现了许多有名的历史人物。他们中有的人勇猛善战，有的人足智多谋，还有的人医术高超。这些人中有想要名留青史的人，有想要实现抱负的人，也有为普通人利益奔波的人。但不管为了什么目的，那个时代的人们大都习惯用战争的方式来解决问题。持续的战争给普通人的生活带来了灾难，人们渴望着和平的到来。

蜀王刘备

公元265年，司马炎建立了一个新的王朝——晋。十余年后，他灭掉了吴国，结束了这100年的战乱。但人们渴求的和平并没有持续多久，晋朝与北方少数民族之间开始了旷日持久的战争。许多人流离失所，被迫远走他乡。后来，中国形成了南北对立的局面。直到300年后的589年，一个新的朝代——隋朝统一了全国。

三分天下

公元196年，曹操将汉献帝劫持到许州，借天子之名号令天下，很快平定了北方。不久，他又进军江南，与孙权、刘备在赤壁展开大战，结果被火攻打败，退回到长江以北。220年，曹操的儿子曹丕称帝，建立魏国，定都洛阳；第二年，刘备也在成都称帝，建立蜀国；第三年，孙权在武昌称帝，建立吴国。从此天下三分，形成三足鼎立的局面。

晋武帝司马炎

280年　西晋灭吴，全国统一。

265年　司马炎称帝，国号晋。

263年　曹魏灭蜀汉

魏王曹操

吴王孙权

公元230年，卫温、诸葛直前往夷洲

吴人入台

公元230年，吴国派将军卫温、诸葛直带领甲士万人，航海前往夷洲，企图俘获当地民众以增加吴国的兵力。夷洲就是今天的台湾，汉代时夷州人就和会稽郡人有来往，三国时经常有夷洲人到会稽出售他们织的布。吴国军队出发后，在海上航行了一年，士卒病死一大半，才到达夷洲。这是有明确文字记载的大陆同台湾第一次大规模接触，此后的交往就更加密切了。

马钧做指南车

马钧是三国时期著名的机械师、发明家。年轻的时候他喜欢到处游玩，没有认识到自己的才华，后来因为生活太贫困，他改进织绫机才出名。公元235年，马钧奉命制造指南车。指南车上有一个木人，无论车往哪方行走，木人的手指始终指向南方。后来马钧还制造出龙骨水车、记里鼓车、水转百戏等。马钧不善于言辞，但人们称他为"天下之名巧"。他的一系列发明创造，为社会发展和科技进步作出了贡献。

马钧发明的记里鼓车

222年	221年	220年
孙权称帝，国号吴。	刘备称帝，国号汉。	曹丕称帝，国号魏。

回到从前 HUIDAO CONGQIAN

成年啦！

汉朝中后期　　220–前86

　　我们在历史中穿越了2000多年。来到这个遥远的时代，我们以为自己只是旁观者，默默地注视着发生的一切。然而，我们错了，历史记录下了生活过的人，发生过的事，同时也被这些人和事影响。直到几千年后，这些影响还印记在我们的身上。

　　在中国古代，人的一生从诞生到成年，再到离开人世，每个阶段都会有不同的仪式。这些礼仪在秦朝之前已经比较完备，到了汉魏时期，随着社会的发展，一些新的礼仪开始出现。

　　在汉魏时期，男女结婚时，人们会送给新人石榴，石榴多子，寓意多子多福。那时的人们已经开始注重胎教，孕妇要性情温和，不能与人争吵斗气，言行举止要端庄，多听赞美的话。人们相信，孕妇多与博学多才、品德高尚、相貌美丽的人相处，生出来的孩子也能向着好学、健康、漂亮的方向发展。

　　孩子出生后，取名是一件很重要的事情，因为古人认为一个人的名字影响着他一生的命运。汉魏时期的人们认为人的死是由于灵魂被鬼神摄走，如果一个小孩的名字太响亮，就会引起鬼神的注意，所以那时有给孩子取贱名的习惯，如狗儿、野猪、小驴等。著名的司马相如的小名就叫作"犬子"。

　　在古代，成年礼是人一生中重要的仪式之一。男孩子的成年礼叫作冠礼，一般是在年满20岁时举行。冠礼时男孩子在宗庙中将头发盘起来，戴上礼帽，再由父亲或其他长辈、宾客在本名之外另取一个"字"，有"冠而字"的男子表示他已经长大成人。女孩子的成年礼叫作笄礼，一般是在年满15岁时举行。笄礼时家长会替女孩子把头发盘结起来，插上一根簪子。女子改变发式表示她从此结束了少女时代，正式成为成年女子。

　　汉魏时期的人生礼仪，有些流传了几千年，直到今天在中国还在沿用。

星辰
龙
山
华虫（雉）
粉米（白米）
黻（表示向善）

汉墓出土的东汉"万世如意"锦袍

汉朝服饰

　　汉朝的衣服主要包括袍、襜褕（直身的单衣）、襦（短衣）、裙。有钱人家大多穿绫罗绸缎的衣服，一般人家穿的是短衣长裤，贫穷人家穿的是短褐（粗布做的短衣）。汉朝妇女的穿着有衣裙两件式，也有长袍。

西汉曲裾式丝锦袍

184年　黄巾起义　　168年　第二次党锢之乱　　167年　第一次党锢之乱　　 班超　　73年　班超出使西域

冕服

冕服是中国古代天子、诸侯、大夫举行重大仪式时所穿的礼服。

汉朝发髻

汉朝妇女的发型通常以挽髻为主。一般是从头顶中央分清头路，再将两股头发编成一束，由下朝上反搭，挽成各种式样。有侧在一边的堕马髻、倭堕髻，还有瑶台髻、垂云髻、盘桓髻、百合髻、分髾髻、同心髻等。

汉朝的冠

汉朝的冠是区分等级地位的基本标志之一，主要有冕冠、长冠、委貌冠、爵弁、通天冠、远游冠、高山冠、进贤冠、法冠、武冠、建华冠、方山冠、术士冠、却非冠、却敌冠、樊哙冠等。

梳椎髻的滇族妇女（云南晋宁石寨山甲区一号墓出土）

百戏流行

西汉中叶以后，在秦代十分繁荣的百戏表演更广泛地流行起来。百戏是融合了中国古代文化、艺术、体育的综合表现形式，内容庞杂，包括乐舞、杂技、幻术、角抵戏、俳优等。公元前108年春和前105年夏，分别举行了两次盛大的百戏表演集会，后来这种习俗长期沿袭，并用来招待外宾。

西汉彩绘陶乐舞杂技俑

8年	前26年	前81年
王莽即天子位	刘向校经传、诸子、诗赋	召集盐铁会议

回到从前
HUIDAO CONGQIAN

意志坚定的人

 汉武帝时期　 前86—前141

你认为自己是个意志坚定的人吗？如果需要十天才能做好一件事，也许你能坚持做好，那如果需要一个月、一年甚至十年，你仍能坚持下去吗？2100多年前的张骞，就是一位意志坚定的人。

公元前126年，当张骞和堂邑父子一行三人终于望见长安城时，他怎么也没想到，他的这次西域探险整整用了13年之久。

张骞原是汉武帝刘彻的侍从官，当他得知汉武帝想联合西域的大月氏国共同抗击匈奴后，便主动请缨，以使者的身份出使西域。

公元前138年，张骞带着一支有100多人的队伍，在万众欢呼声中出发了。一个月后，张骞一行来到阳关。出了阳关就再难见到汉人家，他们只是偶尔遇到西域的商队，偶尔听到胡人的琵琶声、羌人的笛声。在他们面前是无尽的戈壁和沙漠，白天高温酷热，夜晚冰冷刺骨，更有狂风肆虐和流沙侵袭。其实这些都是可以忍受的，对张骞他们来说，最大的危险是匈奴人的攻击。当张骞一行来到克里雅河附近时，遭到匈奴人的伏击，张骞的同伴或战死，或被捕。匈奴人想招降张骞，但被他拒绝了，后来他被囚禁了11年。在这11年中，匈奴人逼迫张骞娶匈奴女子为妻，像匈奴人那样牧马放羊。一天，张骞趁看守不注意，带领随从逃走了。随后，张骞越过葱岭，跨过叶尔羌河，经莎车国、疏勒国，来到大宛国。后继续西行，经康居国、大夏国，来到目的地大月氏。张骞终于完成了他的使命。

张骞回国后，为汉朝的人们带来了西域各国的国势民情、地理风俗等信息。公元前119年，张骞率团第二次出使西域。此后，胡乐、胡舞在长安开始大量出现，中国的丝绸、造纸术、印刷术等传到西方，后人把张骞开通的中原和西域间的通道称为"丝绸之路"。

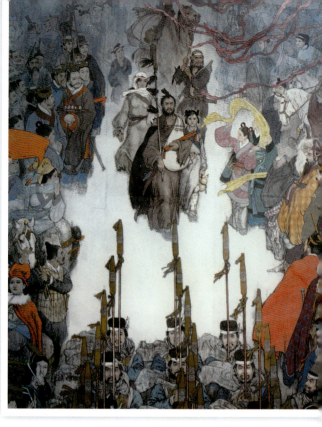

张骞和同伴出使西域的路上遇到无尽的艰难坎坷，他们中的绝大部分人没有回到长安。

汉武帝

前89年	前92年	前115年	前119年	前126年
汉武帝下轮台诏罪己	巫蛊案起	张骞从乌孙还，丝绸之路从此开通。	卫青、霍去病出击匈奴，从此匈奴远走漠北。	张骞通西域归来

马踏飞燕

马踏飞燕的造型，捕捉了奔马三足踏空，一足超掠飞燕的瞬间。奔马昂首嘶鸣，前面头顶的鬃毛和后面的马尾一致向后方飘飞，浑圆的躯体呈流线型，四肢动感强烈。这一艺术形象不仅构思奇特、造型优美，而且完全符合力学平衡原理。马踏飞燕成为东西方文化交往的象征，因此被列为中国旅游的标志。

《苏武牧羊图》

苏武牧羊

公元前100年，汉武帝派苏武出使匈奴，后被扣留。匈奴贵族多次威逼利诱，想要苏武投降；后将苏武迁到北海（今贝加尔湖）边牧羊，扬言要公羊生子方可释放他回国。19年后，苏武才由汉使迎接回国。苏武羁留匈奴期间，悉知边地民族风俗民情，归国后被任为典属国，专掌少数民族事务。他在匈奴持节不屈的事迹，被后人视为坚持民族气节的典范。

马踏飞燕

诱杀楼兰王

楼兰是西域的一个小国，楼兰王安归与匈奴走得比较近，屡次杀害汉朝的使者。公元前77年，傅介子带着大量的金币，一路扬言要恩赐外国。来到楼兰时，楼兰王贪图财物，前来迎接汉使。傅介子设宴款待楼兰王时，诱杀了他。后来，汉朝立安归的弟弟为王，派司马一人、吏士40人镇守安定楼兰国。

127年	前129年	前136年	前134年

卫青等四将分道出击匈奴，卫青获胜，李广兵败。

推恩令　　　　　　　　　　　汉武帝罢黜百家，独尊儒术。　　董仲舒上"天人三策"，受到汉武帝赏识。

卫青、霍去病阻击匈奴

董仲舒

回到从前
HUIDAO CONGQIAN

飞天梦想

汉朝初期　　前 141– 前 206

在旅行中，我们经常碰到一些匪夷所思的尝试。这些尝试在今天的人们看来，多少有点可笑，但在当时，却是人们为了梦想而作出的努力。

公元前 203 年，韩信率领 30 万汉军和诸侯联军，将项羽的 10 万军队紧紧包围在垓下（今安徽灵璧东南）。据后人描述，一天晚上，韩信拿出一顶风筝，叫来谋士张良，让身材轻巧的张良坐着风筝，飞上天空，高唱楚歌。楚歌传到楚营，动摇了项羽的军心。

最早发明风筝的人是不是韩信，我们不得而知，不过风筝确实是人类最早的飞行器。在 2000 多年以前，中国早已使用丝绸、麻布、竹子等，而这些是制造风筝的原料，所以风筝在此时出现是可能的。大约在 14 世纪，风筝传入欧洲，对后来飞机的发明有重要影响。

在汉代，风筝不是人们想飞上天空的唯一发明，有人还梦想插上翅膀能像鸟儿一样飞翔。据说，为了攻打匈奴，王莽广泛招募有特殊才能的人。一天，来了一位打猎的青年，说自己会飞，可以从空中侦察匈奴。这位勇敢的青年用大鸟的羽毛做了一副大翅膀，用绳子绑在两臂上，他的头和身上都披戴羽毛。只见他把两翼左右平伸，像老鹰一样，从高空滑翔下来，飞了几百步远。这位勇敢的青年算是滑翔飞行的先驱。

前 141 年	前 154 年	前 188 年	前 196 年
汉景帝死，汉武帝继位。	吴、楚等七国反	吕后临朝掌权	韩信、彭越被杀

汉景帝

约法三章

公元前 206 年，刘邦率军进入咸阳。他的部下见到秦宫中有无数的珍奇古玩、金银财宝，不禁眼花缭乱，馋涎欲滴，开始肆无忌惮地你争我夺，闹得不可开交。后来刘邦听从樊哙、张良的建议将大军撤回灞上。刘邦召集各县父老乡亲开会，当众宣布：父老乡亲遭受秦朝的苛法残害已经很久了。现在与各位父老乡亲约法三章，即"杀人者死，伤人者刑，及盗抵罪"，将秦苛法一律废除。于是秦地百姓非常高兴，刘邦也因此奠定了民众基础。

项羽

汉初异姓七王图
（以公元前202年刘邦分封为准）

楚汉划鸿沟为界

公元前203年，楚汉两军在广武相持达3个月。项羽军中的粮食快要耗尽了，于是被迫与刘邦订立和约。和约规定：以鸿沟为界，鸿沟以西属汉，以东属楚。后来项羽遵照和约，送还刘邦的父亲和妻子，率军向东，返归原地。而刘邦乘楚军饥饿之际派兵追击，因此，鸿沟之约并未对汉军发生效力。后来这段历史被植入象棋中，成为象棋文化的一部分。

楚汉争霸

前200年	前202年	前206年
刘邦率大军进攻匈奴被围	刘邦率兵围项羽于垓下，项羽突围走乌江，自刎死。	项羽自立为西楚霸王，分封十八路诸侯，刘邦被封为汉王。楚汉战争爆发。

汉高祖刘邦

商山四皓

商山四皓

商山四皓指的是秦末汉初的东园公、用里先生、绮里季和夏黄公四位著名的学者。他们不愿意当官，长期隐居在商山，出山时都已经80多岁了。刘邦见长子刘盈天生懦弱，才华平庸，而次子如意却聪明过人，才学出众，有意废刘盈而立如意。刘盈的母亲吕后便遵照开国大臣张良的主意，聘请商山四皓帮扶刘盈。有一天，刘邦与太子一起饮宴，他见太子背后有四位白发苍苍的老人，问后才知是商山四皓。刘邦见太子有四位大贤辅佐，消除了改立赵王如意为太子的念头。后来人们用"商山四皓"指有名望的隐士。

回到从前

害怕与被害怕

秦朝　前206—前221

在穿越旅行中，我们遇到过很多人，我们尽量不用现代人的眼光去评价他的功过是非。我们试图去接近他，去了解他的喜好、他的恐惧、他的愿望。

公元前219年，40岁的秦始皇到山东沿海巡视。徐福与人上书，声称海中有三座仙山，请求秦始皇派童男童女和他一起去求长生不老药。

两年前，秦始皇还是秦王，他在打败最后一个对手齐国、统一了六国后，自认为"德兼三皇，功过五帝"，因而自定称号"始皇帝"。

秦始皇想要别人都怕他，因为他相信，恐惧有利于他的统治，所以他烧掉了那些不利于他统治的书籍，活埋了那些反对他的人。他还下令销毁民间的兵器，以防止人民起来造反；制定了严酷的刑法，惩治那些对国家不满的人。秦始皇不仅想要他的人民怕他，他认为天地万物都应该逢迎他。据说有一次他南巡渡长江到湘江时，遇到大风。他认为是湘江之神捣乱，便派刑徒3000人，把湘山的树木砍伐净尽，以示惩罚。

在全国百姓战战兢兢的生活中，伟大的皇帝秦始皇也在害怕一件事——死亡。他想要长生不老，于是派人四处寻找长生不老药。公元前210年，即秦始皇49岁时，他又派徐福东渡海上寻找神药。然而徐福到了日本后再也没有回来，秦始皇也在期盼中病死。短短3年后，他的儿子被杀，秦朝灭亡。

前207年	前209年	前210年
项羽在巨鹿大破秦军	陈胜、吴广在大泽乡起义	秦始皇崩，胡亥即位，是为秦二世。

秦始皇陵兵马俑

修建秦始皇陵

公元前247年，刚刚登上王位的秦王就开始给自己修建陵墓。修建陵墓先后动用了70多万人，历时30多年。秦始皇陵东侧有陪葬的兵马俑，兵马俑与真人大小差不多，个个表情逼真。

神态多样的兵马俑

长江　湘江　灵渠　漓江　珠江

修建灵渠

秦始皇曾对居住在今两广地区的南越和西瓯用兵。为了支援征服南越和西瓯的军队，解决粮食供应问题，秦始皇派人在今广西兴安县北开凿了一条连接湘水和漓水的运河，这就是灵渠。灵渠的建成，沟通了江南的长江水系和珠江水系。

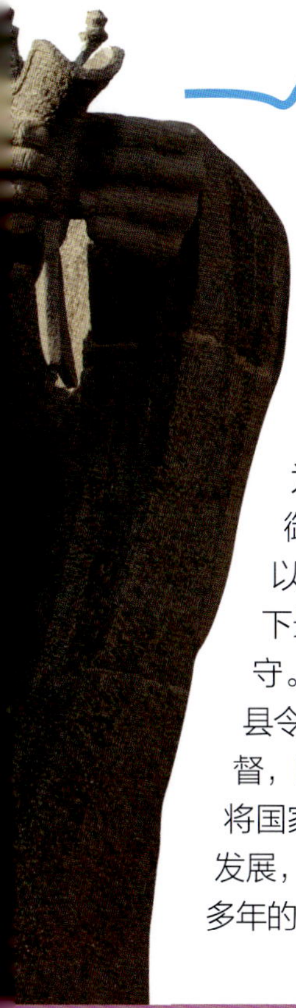

实行郡县制

秦统一六国后，建立了地域辽阔的大帝国。为了便于管理，秦始皇在中央设立了以丞相、御史大夫为首，下辖诸卿的政府机构；在地方，以郡县制代替了西周的分封制。郡是中央政府以下最高一级的地方行政机构，最高行政长官为郡守。县是郡的下级行政机构，长官为县令。郡守、县令都由中央委派，每年中央对郡守进行考察和监督，同时由郡守考核县令的工作。郡县制的实行，将国家权力集中到了中央，有利于政治安定和经济发展，有利于维护国家的统一。郡县制为后来2000多年的中国地方行政体制奠定了基础。

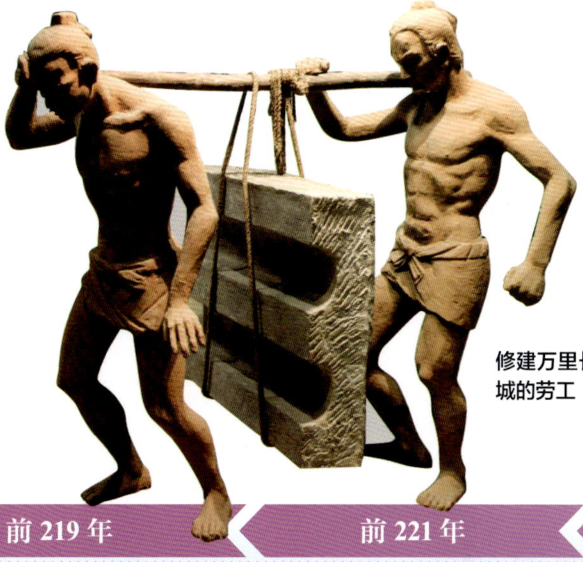

修建万里长城的劳工

前212年	前214年	前219年	前221年
焚书坑儒	修筑长城	秦始皇在泰山封禅	秦统一六国

修建万里长城

秦始皇命蒙恬率军30万北伐，赶走了侵占河套地区的匈奴人。后来秦始皇征调大量民工，将燕、赵、秦的旧长城连接起来，形成著名的万里长城。

诸子百家

战国时代　前 221- 前 475

告别了秦始皇,我们的旅行仍在继续。这一站,我们来到 2300 多年前的战国时代。

战国时期,各诸侯国之间连年战争,传统的思想道德失去了威信。面对复杂的社会问题和人生问题,一批批有见识的人纷纷提出自己的思想和解决办法,形成各自不同的学派。各学派的人物四处游说,推行自己的主张。据说战国时期的学术派别最多时有几千家,不过影响力大的只有十几家。正是这一时期产生的各种思想,对中华民族几千年的灿烂文化产生极大的影响,有一些至今还在发挥作用。下面我们请一些主要学派代表来介绍一下自己。

儒家

代表人物: 孔子、孟子、荀子
代表著作: 《论语》《孟子》《荀子》
自我介绍: 我派主张"德治"和"仁政"。只有重视教育才能让国家强盛,人民幸福。

法家

代表人物: 李悝、商鞅、韩非子
代表著作: 《法经》《商君书》《韩非子》
自我介绍: 我派主张以法治国。

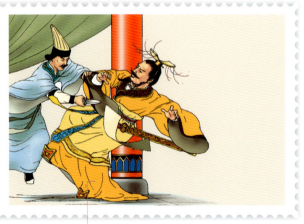

荆轲刺秦王

李冰主持修建都江堰水利工程 ── 屈原投江

| 前 221 年 | 前 227 年 | 前 246 年 | 前 251 年 | 前 260 年 | 前 278 年 | 前 287 年 |

秦灭齐,实现统一。　秦建郑国渠　秦赵长平之战,赵惨败。　苏秦合纵赵齐魏韩五国攻秦

道家
代表人物： 老子、庄子、列子
代表著作： 《道德经》《庄子》《列子》
自我介绍： 我派认为凡事都应该顺其自然，治理国家也一样，不要过多干预，让民众自己发挥创造力。

墨家
代表人物： 墨子
代表著作： 《墨子》
自我介绍： 我派旗帜鲜明地反对一切侵略行为，主张人与人之间应该有爱，对了，还要节约。

兵家
代表人物： 孙武、孙膑、吴起
代表著作： 《孙子兵法》
自我介绍： 我们只是军事爱好者。

阴阳家
代表人物： 邹衍
代表著作： 《吕氏春秋·应同》《淮南子·齐俗训》
自我介绍： 事物是在阴阳之间转化，万物皆有木、火、土、金、水五种属性。

纵横家
代表人物： 鬼谷子、苏秦、张仪
代表著作： 主要言论传于《战国策》
自我介绍： 没有永远的敌人，只有永远的利益。

农家
代表人物： 许行
代表著作： 《吕氏春秋》中的《上农》《任地》《辩土》《审时》
自我介绍： 农业应该排在所有工作之前。

	张仪破齐楚之盟		商鞅变法		
前306年	前312年	前318年	前350年	前385年	前453年
赵武灵王胡服骑射		魏赵韩楚燕五国合纵攻秦		吴起主持楚国变法	韩、赵、魏三家分晋

周游列国日记

春秋时期　前476–前770

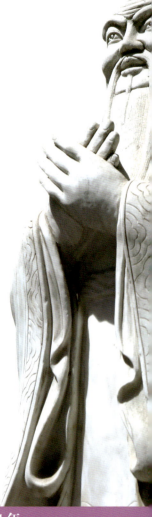

历史真的很神奇，如大浪淘沙，它卷走了许多人和事，只留下一个个姓名和传说。但同时，有些东西又在历史中沉淀，穿越千年，仍留存在我们的生活中。

公元前497年，鲁国。孔子已经下定了决心，他觉得自己是时候离开鲁国了。

孔子是一个有理想的人，但他生活在一个大混乱的时代。当时天下已经礼崩乐坏，王公诸侯经常以下犯上，做只有天子才能做的事。孔子建议各国用仁德和礼仪治国，但各国当时想的都是怎么扩大自己的势力，占领别国的土地。孔子去过十几个国家，走遍了黄河以南、长江以北的大部分地区，但没有一个君主愿意任用他，让他推行仁政。心力交瘁的孔子最后又回到了鲁国，此时孔子68岁，距离他离开鲁国已经14年了。

孔子回到鲁国后，开始一心从事教育和学术研究。据说孔子有弟子三千，著名的有七十二人。孔子认为，每个人都应该有接受教育的机会，老师要针对不同的学生采用不同的教育方式。他鼓励人们独立思考。除了讲学教徒，他还搜集、整理古代文献，以之作为讲学的教科书。孔子去世后，他的弟子们继续传授他的学说，并形成了一个儒家学派。孔子整理的书籍成为儒家的经典。他的言论，被弟子们整理成《论语》，流传至今。他的思想，影响了此后几千年的中国。

前484年　　　　　　　　　　　前491年

九月十三日
晴

这一路碰钉子碰了十几年，发现碰着碰着也就习惯了。冉有来信了，他让我回鲁国，这小子在鲁国有出息了。也许是时候该回家了，鲁国应该还是那个老样子吧，只是我已经是68岁的老头了。趁着还能活几年，回家教教书，整理整理书籍。

八月初二
多云

一路上不是被人围攻，就是吃不上饭，弟子们死的死，跑的跑，身边也没几个人了。辛辛苦苦才来到陈国，却发现陈国整日处于风雨飘摇、兵荒马乱之中，我还是离开罢了。以后像这种自身难保的国家还是不去的好。

孔子教学图

前 495 年

三月十一日

阴

卫国真是一个好地方，国家强盛，卫灵公人也厚道，对我很热情。刚到卫国的时候，看到熙熙攘攘的人群，我原本以为这里正是我能实现理想的地方。唉，可惜卫灵公对我好只是想让世人说他"爱贤"，其实他对我的学说一点都不感兴趣，看来，此地也不可久留！

前 497 年

三月初六

阴

今天天气阴沉，一如我的心情一样糟糕。我已经浪费了大半生的时光，不能再等待下去了。鲁定公就知道吃喝玩乐，压根不管国家政事，我只有离开他。唉，可怜我一个 50 多岁的老人，却要猫在牛车上，离家出走。幸好身边还有十几位弟子。

读简时代

春秋时期　前476-前770

我们今天所使用的书的形式是在造纸技术成熟后，逐渐发展而来的。在纸张被发明出来之前，古代中国的书是用竹片、木片或布制成的。

最早，中国古人把文字刻在龟甲和兽骨上。到了青铜时代，文字经常被铸刻在祭祀用的青铜器上。但无论是刻有字的龟甲、兽骨还是青铜器，都不能称为书，而且由于材料限制，只有很少的人能认识和使用文字。直到商周时代竹简的出现，这种情况才开始改变。

竹简是一种狭长的竹片，每片上写一行文字，将写满文字的竹片用绳子连起来，叫作册，也称为简策。有时简策也用木片制成。竹简的制作可不简单，首先要选择竹节长、竹皮薄的竹子，按一定的长度把竹子锯成一节一节的。再把每节竹子从中间剖开，做成宽度一样的竹片。在书写前，要用火烘烤，去掉竹片里的水分，还要把竹面的青皮刮去，以便书写入墨。

对竹简的长短有明确的规定，重要的书籍用长一点的竹简书写，如先秦时期的长简为三尺，用于书写国家的法令，所以有"三尺法"及"三尺律令"的说法。一些经典著作如《诗》《书》，写在二尺四寸的竹简上。由于面积小，写的字有限，一篇文章要用很多片竹简，携带也不方便。据说东方朔写给汉武帝的一篇奏折用了3000多片竹简，由两个人抬着入宫。随着东汉时期造纸技术的发展，纸成为书籍的主要材料，竹简也完成了它的历史使命。

从商周到汉朝，竹简作为书的形式流行了2000多年，成为中国历史上使用时间最长的书籍形式。

竹简

秦穆公称霸

| 前494年 | 前565年 | 前608年 | 前626年 |

吴王夫差败越，越王勾践使人求和。　晋悼公恢复霸业　楚庄王称霸

帛书

帛书的出现比简策稍晚，在战国时期通行。帛书用一种特制的丝织品来书写，既易于书写和携带，也不易散断。不过丝织品价格昂贵，因此流传很少。纸张出现后，逐渐取代丝织品用于书写。

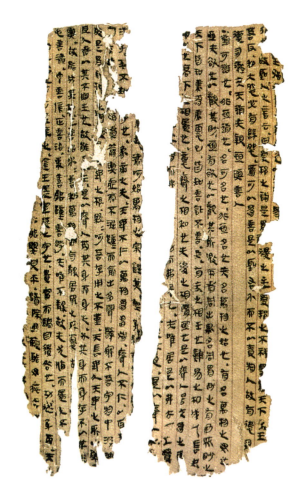

马王堆帛书是1973年在长沙出土的，质地为生丝细绢，帛书上的字体风格各异。

汉字的演变

汉字是世界上最古老的文字之一，也是我们的祖先留给我们的最宝贵遗产。在商朝，人们把不太成熟的文字和符号刻在龟甲、兽骨上，后来，文字经常被铸刻在祭祀用的青铜器上，这种文字叫作金文。到了春秋战国时期，文字的应用越来越广，使用文字的人也越来越多。金文经过整理成为大篆，但各国的文字有所差异。直到秦始皇统一汉字时，创制了小篆。小篆笔画转向平直，线条均匀，字形变为长方形，便于书写，从而奠定了方块字的形体基础。

	鱼	鸟	羊
甲骨文			
金文			
小篆			
隶书			
楷书	鱼	鸟	羊
草书			

卷轴

东汉以后，纸成为书籍的主要材料。纸书最早用竹木做轴，从尾向前卷起，做成卷轴。从晋代到隋唐，卷轴纸书盛行。但是卷轴太长，不能分页，不利于查阅，所以隋唐以后，纸书的装帧得到改进，产生了分页折叠的形式。

卷轴是最早的纸书

前632年	前681年	前770年
晋文公称霸	齐桓公确立霸业	诸侯争霸的春秋时期开始

礼仪之邦

 西周  前 770- 前 11 世纪

中国常被世人称为文明古国、礼仪之邦，这是因为在数千年的历史中，中华民族创造了灿烂的文化，形成了优秀的传统美德和完整的礼仪规范。礼仪是中国传统文化中的一个重要组成部分，对中国社会的发展起了广泛深远的影响。其内容十分丰富，所涉及的范围非常广泛，几乎渗透于古代社会的各个方面。

周朝建立后，以周公为首的主要官员在剖析前代兴亡得失经验教训的同时，对前几代的典章制度、礼仪规定作了系统详细的归纳总结，形成了一整套新的礼仪制度。大到建国定都的程序，王室与封国的关系，各个官职的设置和职责等一系列政治制度，小到祭祀、丧葬、婚嫁、酬宾等日常生产活动都有涉及。如婚嫁需经纳采、问名、纳吉、纳征、请期、亲迎六个环节。对每个环节该如何做有具体的规定。

周朝的礼仪制度几乎囊括了人们生活的所有方面，从衣食住行到为人处世，从居官行政到建国立邦无所不包。它是当时人们政治生活以及日常行为的指南，也成为后世王朝的社会理想的道德基础。

九鼎之制

根据周朝的礼制，在祭祀或丧葬时使用的礼器，必须按照等级序列排放，这叫作列鼎制度。据说，周人礼祭时，天子九鼎，诸侯七鼎，卿大夫五鼎，元士三鼎。而宴客吃饭时，天子十二鼎，诸侯王公九鼎。现在常说的一言九鼎就是从这里引申出来的。

西周早期青铜鼎

组合玉佩是西周时期贵族间盛行的配饰，它由许多玉件串联组成，通常被人们挂在颈上、悬于胸前或佩戴在手腕上。

前 776 年

九月六日发生日食，《诗经》对此有记载，这是世界上最早最确切的有关日食的记录。

前 841 年

国人暴动，厉王被赶下台，中国历史开始有准确年代。

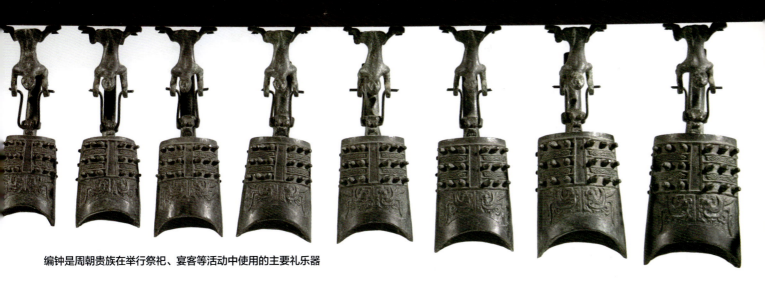

编钟是周朝贵族在举行祭祀、宴客等活动中使用的主要礼乐器

礼乐之制

在周朝的青铜器中，有大量乐器。周朝的贵族在使用乐器时，也必须严格遵守等级制度。天子用四组钟，诸侯用三组钟，卿大夫用二组钟，士用一组钟。到了春秋时期，王室的势力衰弱，某些贵族以下犯上，在使用乐器时超出规定，这就是孔子说的"礼崩乐坏"。

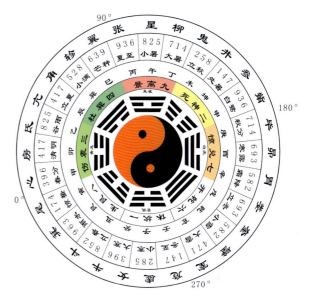

《周易》

《周易》是一部有关古人卜筮的书，也叫《易经》，它的成书时期大约在周代初期。在早期社会，先民对许多事不能作出科学的解释，当屡遭意外的天灾人祸打击后，就萌发出借助于神意预知横祸和自己的行为所带来的后果的需求，《周易》就是在这种条件下产生的。《周易》中也包含了一些人生哲理。

前 11 世纪

周朝开始，周武王分封诸侯。
周公摄政
周公旦制礼作乐

周公的思想对后来儒家的形成影响很大

回到从前
HUIDAO CONGQIAN

去学校

商朝、夏朝　　前11世纪－约前22世纪

今天，接受九年义务教育是我国每个公民的权利和义务。但在3000多年前，接受教育是一项特权，只有极少的人才能享受。

据推测，我国早在夏朝就建有学校。到商朝时，已经有比较正规的教育场所。夏商时期的学校都是"贵族学校"，专门为奴隶主贵族培养继承人，一般平民和奴隶家的孩子没有机会到学校去学习。那时的学校有庠、序、学、瞽宗等。庠本是养老的地方，类似于今天的老年人活动中心。在我国古代，"孝"是评价一个人德行时最重要的标准，老年人在"活动中心"里对年轻人施行"孝悌"教育，告诫他们要做一个孝顺父母、尊敬兄长的人。到周朝时，庠发展成为专门的学校。序是讲武习礼的场所，打仗是商朝重要的国家大事，所以学习射箭的技术、打仗的知识是重要的课程。学分为左学和右学，左学也叫小学，位于国中王宫之中，后来发展成为对儿童进行基础教育的学校；右学也叫大学，位于西郊，主要教授宗教祭典的礼仪知识。商朝人重视祭祀、崇尚礼乐，所以特别设立了瞽宗，专门传授礼乐知识，同时瞽宗也用作祭祀的场所。夏商时期的教育体制，为西周时期形成的"六艺教育"开辟了道路。

与今天不同的是，商朝的学校里没有专职的老师，他们都是由官员兼任，直到春秋战国时期，才有专职的老师出现。

前11世纪 – 约前17世纪

汤建立商朝
盘庚迁都于殷
帝辛囚西伯昌（周文王），西伯昌演《周易》。
周武王伐纣，商朝灭亡。

玉器

夏朝建立后，玉器成为权力的象征。玉器有圭、璧、琮等，圭是带角的，璧是圆形的，琮是八角形的。当时的天子和诸侯都佩戴圭，象征着权威。天子佩戴圭，是向天致敬；诸侯佩戴圭，是向天子表达诚意。璧用来祭天，琮用来祭地。

璧

琮

圭

这片卜骨为一块羊肩胛骨，其用途是卜问吉凶。在羊骨被钻凿和烧灼后，其反面会出现一些裂纹，巫师便根据这些纹路来判断祸福。

甲骨文

甲骨文是商朝使用的文字，也是目前发现最早的汉字。在清末以前，人们把甲骨当作一种药材。后来，甲骨文上的文字被文字学家王懿荣发现，它的价值才逐渐为世人所认知。从甲骨文中，考古学家考证了殷商时期的社会文化状况。

青铜时代

在殷商时期，用青铜制作的器具被视为贵重之物，用作礼器、祭器和生活用具，作为贵族权力的象征。青铜还被用于制造兵器，用来攻城掠地。

中国最早有文字记载的历史，是从商朝开始的。

青铜兽面纹大钺

前17世纪 - 约前22世纪

夏朝开始
启改变禅让制度，开始父死子继的世袭制度。
太康无道失国，后羿夺取王位。
后羿掌握政权，沉溺于打猎，不理国事，后被杀。
少康复国
汤伐夏桀，夏朝灭亡。

用于祭祀的司母戊方鼎，代表了商朝青铜铸造技术的高超水平。

三星堆遗址出土的青铜面具，距今有3000多年历史。

回到从前
HUIDAO CONGQIAN

我是谁？

五帝时期 　 约前 22 世纪 – 约前 30 世纪

我是谁？在旅行中，我们常这样问自己。或许我们可以从历史的角度这样回溯：我—父亲—爷爷—爷爷的父亲—爷爷的爷爷……我们的祖先，他是谁？

历史上，我们的始祖是生活在传说中的。

在有确切史料记载之前，历史都是人们口耳相传的神话传说。据说很久很久以前，在长江和黄河流域分布着许多大大小小的部落，这些部落之间经常打来打去。慢慢地，小部落逐渐被大部落吞并，最后出现几个强大的部落。其中居住在南方的炎族部落，在首领炎帝的带领下，逐渐向黄河中下游迁徙，到达山东。此时，西北方的黄族部落在首领黄帝的带领下东迁。两个部落发生了冲突，于是他们在阪泉展开决战。最后炎族部落兵败投降，炎帝答应了黄帝的提议，与黄帝部落合并，组成了炎黄联盟。炎黄联盟成为后来华夏部族的主体。

后来，黄帝又与东方部落联盟的首领蚩尤在涿鹿进行了一场大战。蚩尤凶猛强悍，英勇善战，但黄帝凭借舟车、弓箭等先进武器，打败了蚩尤。黄帝于是成为规模更大的部落联盟的最高首领。从此，中原各部族进一步大融合，黄帝也被尊崇为不断扩大的中华民族的共同祖先。

当然，这些都是传说中的故事，目前还没有确切的证据以证明这些故事真实发生过。但几千年来，不管朝代如何更迭，帝王如何换来换去，炎帝、黄帝和蚩尤等传说中的人物都被认作中华民族的祖先。

| 黄帝 | 颛顼 | 帝喾 |

史官沮诵、仓颉造文字

划分四时节令

仓颉

发明家黄帝

传说中的黄帝是个伟大的发明家，车船、房屋、弓箭、衣服，甚至煮饭的器具都是由黄帝发明的。据说黄帝的妻子嫘祖把养蚕和丝织的方法传授给百姓，使人们的生活得到了改善。

蚩尤雕像

位于黄河游览区的炎帝和黄帝塑像

黄帝诞生

白鹿与神鹰

传说炎帝出生后,王母娘娘派白鹿为炎帝喂奶,于是,白鹿成为炎帝的第二位母亲。同时,王母娘娘还派去神鹰保护炎帝,所以神鹰是炎帝的第三位母亲。

三贤禅让

尧和舜是我国古代传说中著名的贤君。尧是一位仁慈宽厚的君主,他对一切都抱有宽容的态度。他在位期间,人民过着自由安乐的生活,但他的儿子丹朱却是个不肖之子。后来,尧得知舜是位贤孝而又有才干的青年,就决定让位给舜。舜在位几十年,深受人民的爱戴。舜也没有把王位传给整天只知道唱歌跳舞的儿子商均,而禅让给治洪水有功的禹。

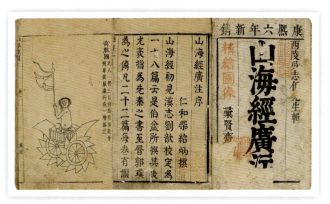

大禹治水

尧	舜
制定历法,以三百六十六日为一年。	禹治水成功

后羿射九日

《山海经》

《山海经》

《山海经》里保存了大量远古时期的神话传说,这些神话传说除了我们都很熟悉的如夸父逐日、精卫填海、羿射九日、鲧禹治水等之外,还有许多是我们不大熟悉的。

我从哪里来?

 人类进化历程　 约前1万~约前600万

　　来到这里,我们的穿越之旅即将结束了。我们带着疑问和好奇开始了这段旅行。在途中,我们经常问自己,我们从哪里来?我们为什么会是现在的样子?我们又将前往何处?我们一直试图寻找这些问题的答案,这也许就是我们去了解历史的原因之一。

　　相传在很久很久以前,宇宙是混沌的一团,里面既没有光,也没有声音。盘古用巨斧把这团混沌一劈为二,轻的气往上浮成了天,重的气往下沉成了地。从此,天每日高出一丈,地每日加厚一丈。盘古死后,他的身体各部分变成了太阳、月亮、星星、山丘、江河及森林、草原等。后来,在一次大破坏中,天倒塌了,地倾斜了,洪水泛滥,烈火焚烧,人类和一切生物都毁灭了。这时,有个叫女娲的女神采炼五彩的石头补好了天空,斩断巨鳌的四脚,树立了四极,用芦灰止住了洪水,又扑灭了烈火,然后慢慢地造出生物和人类。

　　当然,这些只是神话中的故事。今天,我们了解的远古时期人类的历史,都是在分析古人类化石的基础上得来的。19世纪以前,人们以为人类的历史不过几千年。随着世界各地古人类化石的发现,人类历史不断往前延长。据最新考古推测,人类历史可前推600万年。

　　有历史学家认为,人类的早期祖先生活在非洲大陆。约200万年前走出非洲后,他们分散到地球各地,到达中国的进化为蓝田人、北京人等。但有的人类学家通过基因的跟踪研究后告诉我们,今天地球上的所有人类有一个共同的祖先。其后代大约在15万年前走出非洲,大约在6万年前进入现在的中国境内,取代了当时住在这片土地上的人类,成为我们的祖先。

　　尽管我们现在还不知道,我们的祖先究竟是从哪里来的,但我们知道从大约距今1万多年以前到有文字记载的历史期间,我们的祖先就已经在中国大地上繁衍生息。他们不仅能打磨大量的石器,而且能够制作陶器、磨制玉石。这一时期在长江流域、黄河流域和北方地区出现了各种人类文明。

龙山文化 — 龙山文化出土的器物以黑陶为主
仰韶文化 — 仰韶文化的制陶业比较发达
良渚文化 — 玉器的制作呈专业化

约1万年前:中国开始进入史前文明时代

红山文化 — 红山文化的特征是女神崇拜

河姆渡文化 — 工具的使用提高了农业生产效率

2.8 万年前

峙峪人　　能用石箭猎取大型动物

10 万年前

许家窑人　　将石块打制成石球,再用绳索把球连起来,制成投石索,用来猎取动物。

1 万 ~20 多万年前

智人　　具有高度的智慧,晚期智人能人工取火,用骨针缝制衣服,建造简单的房屋和打制十分精致的石器,还能在山洞里的岩壁上绘画。

1.8 万年前

山顶洞人　　外形和现代人没有多大区别,用贝壳和动物的牙齿制成装饰品,会捕鱼,缝制皮衣。

5 万 ~10 万年前

丁村人　　用三棱尖块石器挖掘植物的根茎,用石球狩猎。

20 万 ~60 万年前

北京人　　居住在天然山洞里,会打制石器,用火烧烤食物。

20 多万 ~200 多万年前

直立人　　下肢结构与现代人十分相似,脑容量剧增。能根据不同的需要,打制不同的石器。开始使用和控制火,有了语言交流。

80 万 ~110 万年前

蓝田人

| 250 万年前 | 250 万 ~400 万年前 | 400 万 ~600 万年前 |

能人　　脑容量增大,有较熟练的石器制作技能。

南猿　　能直立行走,行动比较敏捷,能使用天然工具,也会制造简单的工具。

人类从古猿群中分离出来

图书在版编目(CIP)数据

回到从前/程力华主编. —合肥:安徽大学出版社,2016.4
(走!我们一起去看世界)
ISBN 978-7-5664-0570-8

Ⅰ. ①回… Ⅱ. ①程… Ⅲ. ①中国历史－少儿读物 Ⅳ. ①K209

中国版本图书馆 CIP 数据核字(2016)第 013777 号

出版发行:北京师范大学出版集团
　　　　　安 徽 大 学 出 版 社
　　　　　(安徽省合肥市肥西路 3 号 邮编 230039)
　　　　　www.bnupg.com.cn
　　　　　www.ahupress.com.cn
印　　刷:合肥锦华印务有限公司
经　　销:全国新华书店
开　　本:215mm×275mm
印　　张:4
字　　数:90 千字
版　　次:2016 年 4 月第 1 版
印　　次:2016 年 4 月第 1 次印刷
定　　价:24.80 元
ISBN 978-7-5664-0570-8

策划编辑:汪迎冬　　　　　　　　　　　装帧设计:参天树
责任编辑:汪迎冬　　　　　　　　　　　美术编辑:李　军
责任校对:程中业　　　　　　　　　　　责任印制:李　军

版权所有　侵权必究
反盗版、侵权举报电话:0551—65106311
外埠邮购电话:0551—65107716
本书如有印装质量问题,请与印制管理部联系调换。
印制管理部电话:0551—65106311